KB001048

메이저리그에서 194년 저주를 깨트린

# 테오 엡스타인에게
## 배우는

# 33역량

**테오 엡스타인에게 배우는 33역량**

지은이 신호종
펴낸이 임상진
펴낸곳 (주)넥서스

초판 1쇄 발행 2017년 5월 10일
초판 4쇄 발행 2017년 5월 25일

출판신고 1992년 4월 3일 제311-2002-2호
10880 경기도 파주시 지목로 5 (4층)
Tel (02)330-5500 Fax (02)330-5555

ISBN 979-11-6165-001-2 03320

www.nexusbook.com
넥서스BIZ는 (주)넥서스의 경제경영 브랜드입니다.

메이저리그에서 194년 저주를 깨트린

# 테오 엡스타인에게 배우는

# 33역량

신호종 지음

넥서스BIZ

# 메이저리그 194년 저주를 깬
# 테오 엡스타인의 역량에서
# 문제의 핵심을 파악하고 그 해결 방안을 찾는다

### 야구 경기야말로 '고성과자'의 행동 특성을 관찰할 수 있는
### 최고 역량의 장이다

필자는 미국 메이저리그 야구 중계를 보는 것을 아주 좋아한다. 밤과 낮이 정반대인 미국에서 벌어지는 경기를 보기 위해 밤잠을 설친 날이 많았다. 그토록 나를 사로잡는 메이저리그 야구의 매력은 무엇일까? 아마도 그 답은 메이저리그는 국적을 따지지 않고 최고의 선수들이 펼치는 수준 높은 경기력을 보여주기 때문일 것이다. '역량'을 가르치고 잠재력이 있는 우수한 인재를 선발하는 '역량 평가 위원'으로 활동하는 역량 지도 교수 입장에서 경쟁을 통해 실력으로만 승리와 패배라는 성과가 드러나는 야구 경기야말로 '고성과자'의 행동 특성을 관찰할 수 있는 최고 역량의 장이다. 승리에 기여한 선수를 보면서 '그는 어떻게 큰 압박감을 극복하고 안타로, 수비로, 피칭으로 고성과를 낼 수 있을까?'라는 생각에 잠기곤 했다.

필자가 메이저리그와 인연을 맺기 시작한 것은 운동을 꺼리던 아들에게 운동에 관심을 갖게 하기 위해서였다. 야구를 보면서 룰을 지키는 공정성과 성과를 내기 위해 땀을 흘리는 노력, 승자와 패자가 되는 과정을 배울 수 있다고 생각했다. 2005년 중학교 1학년이던 아들과 단둘이서 미국 텍사스 주로 연수를 가게 되었다.

미국에서는 가까이에서 쉽게 접할 수 있는 스포츠 종목이 풋볼이었다. 대학교에서 많은 경기가 열렸기 때문에 쉽게 접할 수 있었다. 하지만 아들은 풋볼에는 관심이 없었다. 그래서 메이저리그 야구를 보기 시작했다.

"야구는 뭐든지 통계가 적용되는 종목이고 확률이 지배하는 경기다." 이런 설명과 함께 야구 규칙을 설명하자 수학을 좋아하는 아들은 야구에 관심을 보이기 시작했다. 그때가 8월 말경이니 메이저리그가 중반을 넘기고 후반 레이스를 펼치던 시기였다. 점차 야구에 관심을 갖게 된 아들은 필자와 야구 규칙과 승패 예측 등에 대해 대화를 나누면서 야구에 흥미를 붙이기 시작했다. 틈만 나면 둘이서 야구 이야기를 주로 했다. 특히 휴스턴 애스트로스 홈구장인 미닛메이드 파크에서 펼쳐진 야구 경기를 보자 야구에 흥미가 더해졌다. 당시 느낀 점은 미국인들에게 야구는 생활의 일부처럼 보인다는 것이다.

필자는 그전에는 박찬호, 김병현, 류현진 선수가 큰 활약을 하면서 이들이 속한 팀 위주로 관심을 가졌다. 하지만 류현진 선수가 부상으로 경기에 나서지 못하는 동안 LA 다저스 이외에 다른 팀 경기를 폭넓게 보았다. 이때부터 경기를 제3자의 입장에서 객관적으로 관람했고 경기에 더 집중할 수 있었다. 경기를 보면서 승리한 팀의 승리 요인을 찾아내고, 패배한 팀의 패배 원인을 필자 나름대로 분석해보려고 했다. 야구 경기의 흥미를 넘어 선수들이 압박감을 극복해내는 과정을 관찰하면서 더욱 역량의 관점에서 야구를 보기 시작했다.

이 책은 메이저리그를 소재로 하지만 야구 경기에 관한 이야기가 아니다

2016년 월드 시리즈는 메이저리그 야구팬이라면 두고두고 기억에 남을 만한 역사적인 경기였다. 그 이유는 시카고 컵스와 클리브랜드 인디언스가 맞붙었기 때문이다. 두 팀은 공교롭게도 오랜 기간 월드 시리즈 우승을 못한 팀이고, 사람들이 그 이유를 '저주'에서 찾는 팀이었다. 컵스는 108년 동안 내려온 '염소의 저주'가, 인디언스는 68년 동안 '와후 추장의 저주'가 월드 시리즈 우승을 방해한다고 굳게 믿어왔다. 7전 4선승제로 치러지는 월드 시리즈에서 승리한 한 팀은 저주에서 벗어나고, 패자는 더 깊은 저주의 늪에 빠지는 것이다.

6차전까지 양 팀은 3승 3패였다. 마지막 7차전이 월드 시리즈 우승 반지의 주인을 결정했다. 9회 말까지는 6:6이었고 연장전에서 승부를 가려야 하는 상황에서 17분 동안 갑작스러운 폭우로 경기가 중단되었다. 결국 연장 10회에서 승패가 갈렸다. 컵스가 인디언스를 8:7로 꺾고 108년 만에 우승

트로피를 차지했다.

2016년 시카고 컵스의 우승 주역은 단연코 테오 엡스타인이라는 40대 초반의 운영 부문 사장이었다. 더 놀라운 점은, 그는 28세에 보스턴 레드삭스 단장이 되어 2년 만에 86년간 보스턴 레드삭스를 괴롭혀온 '밤비노의 저주'를 깨트리고 레드삭스에게 월드 시리즈 우승 트로피를 안긴 것이다. 테오 엡스타인은 미국 예일 대학교를 졸업한 엘리트였지만 야구 선수 경험이 전혀 없었다. 그런 엡스타인이 어떻게 월드 시리즈 3회 우승과 194년간이나 괴롭혀온 저주를 깨트린 '저주 파괴자'가 되었을까?

갑자기 '테오 엡스타인'에 대해 궁금해지기 시작했다. 194년 동안이나 괴롭혀온 지긋지긋한 저주를 파괴한 그만의 비법은 무엇일까? 높은 성과의 이면에는 역량 인재가 숨어 있게 마련이다. '조직 목표와 관련한 고성과자의 행동 특성'이 바로 역량이기 때문이다. 위기 또는 갈등의 현안을 제시하고 그 현안을 해결하는 과정에서 남다른 행동 특성을 관찰해 역량 기준에 적합한지 그 여부를 관찰 · 분류 · 평정하는 과정이 역량 평가다.

하지만 현실적으로 테오 엡스타인을 직접 만나서 그의 행동 특성을 관찰할 수는 없었다. 그 대신 다른 방법을 찾았다. '테오 엡스타인'이 언론에서 인터뷰한 내용과 제3자가 그를 평가한 자료 그리고 승리를 위해 그가 보여준 전략과 전술 등 객관적으로 드러난 행동 특성을 근거로 그의 역량을 분석 · 평가해보고 싶었다.

그의 행동 특성을 판단하는 기준으로는 'OECD 핵심 역량'OECD Core Competecies을 적용했다. OECD는 30여 개 국가의 경제 개발 업무를 전담하는 기구인데, OECD 핵심 역량은 2,500여 명의 직원을 선발하고 승진시키는 기준인 셈이다. 메이저리그도 국적을 불문하고 오로지 실력으로만 선수를 선발하고 평가한다는 점에서 OECD와 공통점이 있다.

이 책은 메이저리그를 소재로 하지만 야구 경기에 관한 이야기가 아니다. 오히려 메이저리그 야구의 승리 뒤에 숨어 있는 선수, 감독, 단장, 사장의 역량에 관한 책이다. 특히 메이저리그에서 194년 저주를 파괴한 테오 엡스타인의 역량을 주된 소재로 삼았다. 그는 야구 선수 경험이 전혀 없는 메이저리그 '엄친아'로 알려져 있다. 하지만 이 책을 읽고 나면 그가 얼마나 야구에 대한 열정이 강한지, 메이저리그 단장과 사장으로서 성공에 대한 갈망과 몰입이 얼마나 대단한지 알 수 있을 것이다. 결국 그가 성공할 수밖에 없음을 알게 될 것이다.

사실 이 책을 쓰면서 테오 엡스타인이 자신의 꿈을 이루기 위해 보여준 열정과 몰입을 아들에게 알려주고 싶었다. 그래서 더 열심히 영어로 된 원서를 읽고 번역했다. 또한 '금수저', '흙수저' 등 패배주의에 사로잡히고 남을 탓하는 우리 사회의 청년들에게 자신감을 심어주고 싶었다. "테오 엡스타인이 자신의 꿈을 이루기 위해 노력한 열정과 몰입의 절반만 해봐라. 그러면 누구든지 성공할 수 있다"라고 말해주고 싶었다. 테오 엡스타인은 좋은 부모를 만나 유복하게 성장한 것은 틀림없다. 하지만 그의 쌍둥이 형인 폴은 테오만큼은 알려지지 못했다. 성공의 요인이 반드시 부모를 잘 만나야만 하는 것은 아니라는 점을 강조하고 싶다.

### 테오 엡스타인이 세계에서 가장 위대한 지도자 1위로 선정된 이유

이 책은 4장으로 이루어져 있다. 1장부터 3장에서는 문제 핵심 파악, 원인 분석, 대안 제시, 실행 방안 등 역량의 관점과 동일한 구조로 서술했다. 4장에서는 역량 지도 교수가 본 메이저리그를 알기 쉽게 설명했다.

구체적으로 살펴보면, 1장에서는 현안과 문제점을 제시했다. 2016년 월드 시리즈, 승자와 패자, 저주와의 전쟁을 서술했다. 2장에서는 대안을 제시해 현안을 해결하고 성과를 내는 과정을 설명했다. 테오 엡스타인은 정말 마법사인지, 그가 밤비노의 저주와 염소의 저주를 깨는 과정을 짚어봤다. 3장에서는 엡스타인이 고성과를 낸 7대 전략과 그의 역량을 OECD 15개 핵심 역량으로 분석·평가했다. 마지막으로 4장에서는 미국 메이저리그에 대한 이해를 돕기 위한 설명과 자신만의 저주를 깨고 성공한 필자의 자기 개발 사례를 소개했다.

테오 엡스타인에 대한 책이 거의 마무리될 즈음에 지인으로부터 "테오 엡스타인이 〈포춘〉이 선정한 세계에서 가장 위대한 지도자 1위에 선정되었다"라는 소식을 들었다. 엄격한 선정 위원회의 심사를 거쳐서 '세계를 긍정적으로 변화시키고 영감을 주는 인물을 선정 기준'으로 정하는 데 그가 1위로 선정된 것이다.

그는 '밤비노의 저주'를 깨트리는 대안을 '팀 화합'에서 찾았다. 팀의 화합을 방해하는 선수는 누구라도 가차 없이 트레이드로 방출했다. 2007년 2번째 월드 시리즈 우승은 유망 선수를 발굴하고 육성하는 팜 시스템<sup>Farm</sup> 으로 달성했다. '염소의 저주'를 깨트리는 대안은 실패를 극복해내는 선수의 인성을 중시한 '역량'에서 찾았다. 현안을 해결할 때마다 자신만의 '새로운 틀'을 제시한 것이다. 그는 자신의 방식에 대한 확신을 가지고 있었다. 단기적으로 성적을 내지 못하지만 언젠가 효과를 볼 것이라고 확신했다. 마치 깜깜한 동굴 속에서도 자신이 가고 있는 길이 곧 출구가 나오는 터널이라고 믿었던 것이다. 테오 엡스타인이 제시한 대안은 '개념 설계'<sup>conceptual design</sup>로, 지속 발전의 틀과 비전을 제시한 것이다.

그가 194년 저주를 파괴한 핵심 전략은 바로 저주에 대한 정확한 인식과 구성원과의 소통이었다. 그는 많은 사람이 굳게 믿어온 저주를 믿지 않았다. 그는 저주는 허깨비에 불과하고, 패배주의의 그림자로 보았다. 따라서 저주라는 그림자를 쫓지 말고 패배주의를 극복해야만 그 그림자도 없어진 다고 믿었다. 그는 소통의 중요성도 강조했다. 말단 직원들의 이야기까지 듣기를 좋아했고, 이들의 고언을 경청했다. 구단의 후보 선수부터 사장까지 소통이 원활하게 이루어지도록 '소통의 실크로드'를 구축해서 조직 내 원활한 소통의 길을 열었다. 그리고 마지막으로는 자신의 뜻을 제대로 펼칠 수 없음을 알고는 이별을 결정했다. 포기를 실패가 아닌 제3의 대안으로 생각하고 아름답게 이별한 것이다.

테오 엡스타인이 108년 '염소의 저주'를 깰 수 있도록 도와준 숨은 공로 자는 누구일까? 필자는 단연코 톰 리케츠 시카고 컵스 구단주라고 생각한 다. 그는 2010년 시카고 컵스를 인수한 후 5년 연속 성적이 지구 꼴찌에 머물렀지만 엡스타인을 믿고 그에게 전권을 주고 묵묵히 기다렸다. 만약 리케츠가 단기 성과에 급급해서 테오 엡스타인을 경질했다면 그가 성과를 낼 수 있었을까? 리케츠가 테오 엡스타인 사장을 믿고 권한을 주면서 기다린 것은, '염소의 저주'를 깨는 데 보이지 않게 기여했음이 틀림없다.

### 이 책에서 33역량이란?

이 책은 필자가 2015년 8월에 출간한 《이솝우화에서 배우는 33역량》의 연작이다. 전작에서는 이솝우화를 통해 33가지 역량을 알기 쉽게 설명했다. 대한민국 공무원 선발의 기준이 되는 18가지 표준 역량과 OECD 15가지 핵심 역량을 소개했다.《테오 엡스타인에게 배우는 33역량》에서는 테오 엡스타인이 3번의 월드 시리즈에서 우승하고, 월드 시리즈에서 우승하기 위해서는 디비전 시리즈, 챔피언 시리즈, 월드 시리즈라는 3단계를 모두 우승해야 한다는 의미에서 33역량이라고 명명했다.

이 책이 나오기까지 많은 분들이 도움을 주셨다. 누구보다도 흔쾌히 출간을 허락해주시고 물심양면으로 도움을 주신 넥서스 임준현 사장님께 감사드린다. 만약 임준현 사장님의 격려와 지원이 없었다면 이 책은 빛을 보지 못했을 것이다. 기꺼이 추천의 글을 써주신 여섯 분께도 머리 숙여 감사드린다. 늘 가까이에서 참신한 영감과 아이디어를 주고 교정 과정에서 많은 도움을 준 이상길 작가, 문형철 아세아항공전문학교 역량 지도 교수, 김령민 아이소포스 솔루션 기술이사에게도 감사드린다.

끝으로 가족의 도움과 조언에 감사드린다. 미국에서 테오 엡스타인에 관한 귀한 자료를 구해준 아들 민철에게 고마움을 전한다. 또한 아들이 한국에 있는 동안 그와 밤늦도록 나눈 야구에 대한 대화가 유익했다. 특히 삽화로 쓸 만한 사진을 찾던 필자에게 아들이 "삽화를 꼭 넣으려는 것은 아빠가 글쓰기에 자신이 없어서 그런 것 아니냐?"라고 한 말에 자극을 받아 삽화나 사진 없이 글을 써야겠다고 다짐하기도 했다. 그리고 야구를 전혀 모르는 딸 윤서는 "아빠, 야구는 왜 유럽에서는 하지 않고 주로 미국에서만 해요?", "선수가 야구공을 맞지 않는 방법은 없어요?" 등 다소 엉뚱한 질문을 던졌는데 이는 필자로 하여금 야구를 한 번 더 생각하게 만드는 계기가 되었다.

　누구보다도 사랑하는 아내 김혜영 세무사에게 감사하다. 그녀는 야구를 전혀 모르면서도 필자가 책을 쓰는 동안 늘 곁에서 초안을 꼼꼼하게 읽어주고, 야구를 모르는 독자의 입장에서 이해가 되지 않는 부분을 지적하고 더 쉽게 쓰도록 조언했다. 아내는 점차 야구를 이해하고 책 구성과 내용에 대해 대화하면서 필자에게 많은 영감을 주었다. 독자의 입장에서 날카롭게 지적해주고 힘들어하는 필자의 손을 조용히 잡아주면서 격려해준 사랑하는 아내의 도움이 없었다면 이 책은 발간되지 못했을 것이다.

2017년 4월
신호종

# CONTENTS

# PART 1

# 메이저리그,
# 저주(Curse)와의 전쟁

이 책은 미국의 30개 회사 간의 치열한 경쟁을 소재로 한다.

첨단 전자제품보다 훨씬 더 민감한 것을 제공하는 회사다.

경제 전문지 〈포브스〉(Forbes)에 따르면 "2015년 이 분야 30개 회사의

총 경제 가치는 360억 달러(약 40조 원)"다.

더 놀라운 것은 "최근 40년 동안 매년 평균 12%의 수익률을 올렸고,

회사 가치도 평균 10%씩 성장시켜왔다"라고 발표했다.

30개 회사의 경쟁은 어떤 제약도 없는 완전경쟁 시장 구조에 가깝다.

이런 이상적인 경쟁 구조와 회사들이 실제 존재할까?

존재한다.

바로 미국 메이저리그(MLB) 30개 구단이다.

이 책은 매년 30개 팀이 2,430게임의 정규 시즌과 포스트시즌을 통해 벌이는 무한

경쟁에 관한 이야기다.

# 01 ››››››››››››››››››››››››››››››››››››››››››››››››››››››

# 2016년 월드 시리즈는 왜 세기의 명승부였을까

## 월드 시리즈 7차전

　　클리블랜드는 미국 오하이오 주 북부에 위치한 도시로, 5대 호 중 하나인 이리 호湖 연안에 위치한 인구 40만 명 정도 되는 상공업 도시다.

　2016년 11월 2일 이른 아침부터 많은 차량이 클리블랜드로 밀려 들어오고 있었다. 아무리 클리블랜드가 교통의 요지라지만, 이날따라 유난히 많은 차량이 몰려왔다. 특히 5대 호 북쪽에 위치한 미시간 주와 시카고 번호판을 단 차량이 유난히 눈에 띄었다. 외부에서 몰려든 차량은 오후가 되자 모두 클리블랜드 인디언스의 홈구장인 프로그레시브 필드로 모여들기 시작했다. 왜냐하면 저녁 8시경부터 이곳에서 시카고 컵스와 클리블랜드 인디언스 간의 2016년 월드 시리즈 7차전이 벌어지기 때문이다.

　경기장 안은 벌써부터 빈자리를 찾아볼 수 없을 만큼 관중으로 꽉 차 있었다. 경기장 밖에서는 미처 티켓을 예매하지 못해 현장 구매를 하려고 나온 사람들로 북적댔다. 값비싼 대가를 치르고서라도 입장권을 구입하려고 나왔다가 아쉬워하면서 발길을 돌리는 사람들의 뒷모습도 볼 수 있었다. 이 날 경기는 2016년 미국 메이저리그의 마지막 게임으로, 미국 전역은 물론 세계 각국에서 생중계되고 있었다. 메이저리그 30개 팀이 팀당 162경기씩 총 2,430경기를 치르고 디비전 시리즈, 챔피언 시리즈를 거쳐 마지막 월드 시리즈 최강 팀을 결정하는 결승전이다. 7번의 경기 중 4승을 먼저 거두는 팀이 월드 시리즈 트로피를 차지한다.

두 팀은 이미 6차례의 경기를 치렀지만 3승 3패라는 똑같은 성적으로 우열을 가릴 수 없었다. 이날 치러지는 7차전에서 최종 승부를 내야 하는 것이다. 1차전(인디언스 6:0 승)과 2차전(컵스 5:1 승)은 1승 1패였다. 3차전(1:0 인디언스 승)과 4차전(7:2 인디언스 승)은 인디언스가 모두 승리해 4차전까지는 3승 1패로 앞서 나갔다. 5차전(3:2 컵스승)과 6차전(9:3 컵스승)은 컵스가 승리해 양 팀이 3승 3패 동률이 되었다.

오늘 7차전은 그야말로 총력전이다. 경기는 시작부터 한 치의 양보도 없이 치열하게 전개되었다. 양 팀에게는 이 경기가 올 시즌 마지막 경기기 때문에 전력을 아낄 하등의 이유가 없었다. 시카고 컵스가 8회 말 2아웃까지 6:3으로 3점 앞서고 있었다. 컵스는 남아 있는 선수를 다 투입해서라도 2점 이내로 아웃카운트 4개만 잡는다면 월드 시리즈 우승컵을 거머쥐는 것이다. 컵스의 조 매든 감독은 5회부터 마운드를 지키고 있는 에이스 존 레스터가 8회 말 2아웃에서 클리블랜드 5번 타자 호세 라미레즈에게 안타를 맞자 바로 투수를 교체했다. 교체 투수는 바로 쿠바 출신 아롤디스 채프먼이다. 존 레스터는 5차전 선발 투수로 등판해 6이닝을 던지고 3일 쉬고 5회부터 8회 2아웃까지 마운드를 지킨 것이다.

그 순간 3일 전에 치러진 5차전이 떠올랐다. 4차전까지 1승 3패로 벼랑 끝에 몰린 컵스는 5차전에서 패하면 그대로 월드 시리즈가 끝나는 것이다. 절체절명의 위기 상황에서 존 레스터가 선발로 나와 7회까지 3:2로 1점을 앞서 나갔다. 그런데 매든 감독은 7회 1아웃 상황에서 주저 없이 아롤디스 채프먼을 등판시켰다. 그는 42개의 공을 던져 8개의 아웃카운트를 잡아내면서 1점 차의 승리를 견고하게 지켜냈다. 매든 감독은, 마무리 투수가 아웃카운트 3개 [1이닝] 나 4개 내지 5개 정도를 책임지게 하는 불문율을 깬 것이다.

컵스는 2016년 정규 시즌이 끝날 무렵에 채프먼을 뉴욕 양키스로부터 영입했다. 그는 여자 친구를 폭행한 혐의로 30경기 출장 정지라는 징계를 받았지만 컵스가 월드 시리즈 우승을 위해 비난을 감수하면서까지 그를 시즌 중에 영입한 것이다. 채프먼은 최고 구속이 시속 106마일 [171km] 이다. 평균 구속이 시속 100마일이 넘는, 세상에서 가장 빠른 공을 던지는 무시무시한 특급 마무리 투수였다. 시속 100마일은 시속 161km의 속도다. 지구상에서 시속 100마일 강속구를 던질 수 있는 투수가 과연 몇 명이나 될까? 투수와 포수와의 거리가 18.44m [60피트 6인치] 임을 감안하면 100마일 투수가 던지는 공이 포수의 미트까지 도달하는 시간은 약 0.412초라는 계산이 나온다. 물론 투수의 손을 떠난 공이 포수 미트까지 도달하는 시간은 구간마다 다르다. 타자 앞을 지나는 공의 속도는 정확하게 계산할 수 없지만 가장 빠르게 느껴진다고 한다. 게다가 채프먼은 좌완 투수로, 오른손 타자 입장에서는 공이 더 빠르게 느껴질 것이다.

아이러니하게도 컵스는 이날 채프먼을 투입하고서도 3실점을 했다. 그는

16개의 공을 던지고도 아웃카운트 1개를 잡아내지 못했다. 야구는 "끝날 때까지 끝난 게 아니다"It ain't over till it's over 라고 말한 전 뉴욕 양키스 감독인 요기 베라Yogi Berra 의 명언과 하일성 전 야구 해설가의 "야구 몰라요"라는 말이 귓전에 맴돌게 하는 순간이었다.

두 팀은 1회부터 9회까지 3시간 넘게 치열하게 싸웠음에도 불구하고 점수는 6:6으로 우열을 가릴 수 없었다. 이제 밤을 꼬박 새워서라도 승패를 가려야 한다. 무승부로 공동 우승을 하면 얼마나 좋으랴? 하지만 야구 경기에서는 무승부가 없다. 그래서 승부를 가릴 때까지 경기를 해야만 한다. 지금까지 메이저리그에서 한 경기 최다 이닝은 26회 경기 1920년 보스턴 브레이브스 대 브루클린 다저스 이고, 최장 경기 시간은 8시간 6분 1984년 시카고 화이트삭스 대 밀워키 브루어스 다. 이날 경기도 언제 끝날지 아무도 모르는 상황이었다. 이제 두 팀은 연장 10회 초를 시작해야 한다. 10회에도 점수가 나지 않으면 11회, 12회…. 승부가 날 때까지 경기는 계속 진행될 것이다.

컵스가 10회 초 공격을 시작하려는 순간 갑자기 프로그레시브 필드의 하늘에서는 비가 내리기 시작했다. 야간 경기인 탓에 하늘에 구름이 끼었는지는 알 수 없지만 갑자기 비가 내리기 시작한 것이다. 야구 경기는 웬만한 비에는 그대로 진행된다. 그런데 비가 너무 많이 와서 정상적인 경기 진행이 어렵다고 판단되면 주심이 경기를 중단시킬 수 있다. 미국 중동부에 위치한 클리블랜드에서 11월 초순에 이렇게 갑자기 비가 내리는 경우는 흔치 않은 일이었다. 비가 내린다고 하더라도 야구 경기를 중단시킬 정도로 많은 비가 내리는 것은 아주 드문 일이다. 이날은 마치 하늘에서 양동이로 물을 뿌리듯이 비가 일시에 퍼부었다. 심판진이 모여 논의하고는 양 팀 감독을 불러 설명했다. 잠시 후 주심이 경기 중단을 선언했다. 주심이 경기 중단을 선언하면 선수들은 모두 더그아웃으로 들어와서 비를 피한다. 그리고 클럽 하우스에 모여 휴식을 취하면서 작전을 점검한다. 비가 내리면 마운드와 흙이 덮여 있는 타석, 내야 수비 지역이 비에 젖지 않도록 대형 비닐 천막으로 운동장을 덮어씌운다. 유니폼을 입은 직원 수십 명이 동시에 마치 마당에 큰 명석을 깔듯이 대형 비닐 천막을 펼쳐서 내야석을 순식간에 덮었다.

이때는 경기에 집중하던 관중이 잠시 긴장을 약간 풀고 출출해진 배를 채울 시간이다. 경기장 층마다 있는 매점으로 달려간다. 미국 야구장에 있는 매점은 일종의 식당이나 간이 바$^{BAR}$와 다를 바 없다. 요기를 할 수 있는 햄버거와 칩 종류는 물론 각종 음료와 맥주, 안주도 판매한다. 매점에서는 동료들과 자신이 응원하는 팀에 대한 칭찬과 아쉬움을 내비치면서 수다를 떤다. 이 순간에는 처음 만난 사람과도 쉽게 친한 친구처럼 야구 이야기를 나눈다. 여기서는 오로지 야구 이야기 외에는 대화의 소재가 되지 못한다.

비가 그치고 경기를 다시 시작하면 경기는 멈추었던 상태에서 그대로 다시 시작하게 된다. 이날 프로그레시브 필드에 내리는 비는, 바람도 없이 마치 하늘에서 야구장에만 물을 뿌리듯이 내렸다. 관중은 대부분 비옷을 준비하지는 못했지만 그래도 자리를 뜨는 사람은 거의 없었다. 야구팬이라면 비가 온다고 해서 집으로 갈 생각을 하지 않을 것이다. 이날 경기를 보기 위한 입장권 가격은 최고 3,000만 원이 넘었다. 컵스 불펜 투수가 몸 푸는 걸 지켜볼 수 있는 최고의 내야석은 경기 당일 장당 2만 7,306달러<sup>약 3,138만 원</sup>였고, 가장 싼 자리도 최소한 몇 백 달러는 지불해야 앉을 수 있었다. 만약 비가 계속 이렇게 내린다면 주심은 경기 중단을 선언한다. 중단된 경기는 다음 날 또는 시간을 정해서 중단된 상태에서부터 경기를 재개한다. 무승부로 끝나는 경기가 없는 것이 야구이기 때문이다.

우천으로 경기가 취소되고 연기되면 그 경기에 참석할 수 있는 티켓을 나눠주는데 이것이 바로 레인첵 rain check 이다. 한때 축구광이던 내가 어느 때부터인지 야구를 더 좋아하게 된 이유 중 하나가, 바로 야구는 무승부 없이 어떻게든지 승패를 가린다는 점이다. 세차게 내리던 비는 약 17분이 지나자 거짓말처럼 딱 그쳤다. 심판진은 경기 재개를 결정했다. 직원 십여 명이 운동장으로 뛰어 들어와 펼쳐졌던 비닐 천막을 둘둘 말아서 걷어냈다. 비닐 막을 걷어내자 언제 비가 왔느냐는 듯이 내야 쪽은 마른 땅바닥이 드러났다.


## 10회 초 시카고 컵스 공격

인디언스는 9회 초에 등판해서 컵스 타자 2명을 가볍게 아웃 처리한 브라이언 쇼를 그대로 등판시켰다. 컵스는 2번 타자 카일 슈와버부터 공격을 시작했다. 슈와버가 타석에 들어서면서 경기가 시작되었다.

슈와버는 쇼의 2구를 타격해서 우전 안타를 만들고 1루에 출루했다. 슈와버가 1루 베이스를 밟고 나자 컵스의 조 매든 감독은 1루 주자를 발이 빠른 알버트 알모라 주니어로 교체했다. 매든 감독은 이날 경기는 1점차 승부라고 봤기에 1루에 출루한 주자를 반드시 홈으로 불러들여 점수를 내야 한다고 생각했다. 알모라 주니어는 빠른 발을 이용해 2루로 도루할 틈을 살피면서 2루 쪽으로 몇 발자국 나갔다. 투수 입장에서는 발 빠른 주자가 1루에 나가 있으면 신경이 쓰이게 마련이다. 공을 던지는 순간, 발 빠른 1루 주자가 2루 쪽으로 뛰어들면 포수가 공을 잡아 던져 뛰는 주자를 아웃시키기란 쉽지 않기 때문이다. 만약 1루 주자가 2루까지 도루를 하도록 허용한다면, 안타 하나만 때리면 점수가 날 수 있다. 지금 상황에서는 어떤 팀이든지 먼저 1점이라도 점수를 낸다면 경기는 그대로 끝날 가능성이 높다.

3번 타자 크리스 브라이언트가 들어섰다. 컵스의 젊은 신인 선수다. 그는 컵스에서 유망주로 육성된 선수로 2015년 신인왕을 차지했고, 2016년에도 큰 활약을 하고 있는 선수다. 브라이언트는 쇼가 던진 공을 타격해 중견수 방면으로 보냈다. 중견수 플라이 아웃이었다. 이때 1루 주자인 알모라 주니어는 2루까지 무사히 진출했다. 지금과 같이 타자가 친 공이 경기장 안에서 상대 수비수에게 잡히는 경우에는 아웃이 되고 만다.

이때 1루 주자는 베이스를 밟고 있다가 상대 수비 선수가 공을 잡은 이후부터는 뛸 수 있는 것이다. 다음 타자는 4번 타자인 앤서니 리조가 들어섰다. 리조도 샌디에이고 파드리스에서 영입해 육성한 젊은 유망주다. 그러자 인디언스 투수 코치가 마운드로 걸어 나왔다. 주심은 타임아웃을 선언했다. 인디언스 투수 코치가 투수와 포수 그리고 내야 수비수들에게 작전을 지시할 시간을 주는 것이다. 결국 인디언스는 리조와의 정면 대결을 피하고 고의사구四球를 선택했다. 투수가 껄끄러운 타자와의 대결을 회피하기 위해 고의적으로 공을 밖으로 4개 던지는 것이다.[1] 이때 포수는 투수가 아예 밖

---

1  2017년 시즌부터는 경기 시간 단축을 위해 자동 고의사구제를 시행한다. 더그아웃에서 감독이 심판에게 사인을 보내면 투수는 공을 4개 던지지 않고도 고의사구를 인정하는 것이다.

으로 공을 던지도록 공을 던지는 순간 일어나서 밖으로 빠지게 된다. 결국 리조는 1루로 걸어갔다. 방금 투수 코치가 마운드로 걸어 나온 것은, 투수에게 리조와의 정면 대결을 피하라고 지시하기 위해서였음을 알 수 있다.

1아웃에 1루와 2루에 주자가 있는 상황이다. 이제 안타 하나만 때린다면 2루에 있는 발 빠른 알모라 주니어는 홈으로 뛰어들 것이다. 다음 5번 타자는 벤 조브리스트다. 그는 지난해 캔자스시티 로열스 소속으로 월드 시리즈 우승 반지를 챙긴 10년 경력 선수다. 컵스는 올 시즌이 시작되기 전에 그를 영입했다. 조브리스트는, 쇼가 던지는 볼을 신중하게 지켜보면서 타석에 임하더니 볼카운트는 어느새 2스트라이크 1볼이 되었다. 2스트라이크 1볼은 투수에게는 아주 유리하고, 타자에게는 불리한 상황이다. 4구는 타격을 했지만 쇼의 공을 정면으로 때리지 못해 파울이 되었다.

이제 쇼는 5구를 던져야 한다. 잔뜩 움츠리다가 공을 스트라이크존으로 던졌으나 조브리스트는 공을 가볍게 쳐내서 다시 파울이 되었다. 분명 의도적으로 파울로 쳐낸 것이다. 투수인 쇼의 입장에서는 가장 힘 빠지게 하는 타자임이 틀림없다. 쇼는 2스트라이크 1볼에서 스트라이크 1개를 던져서 삼진 처리하거나 상대가 치기 어려운 유인구를 던져서 뜬공이나 땅볼로 아웃시켜야 했다. 그런데 조브리스트는 자신이 스트라이크존으로 보낸 2개의 공을 쳐내서 파울이 되게 한 것이다. 2스트라이크에서 파울은 카운트가 되지 않아서 투수는 공을 계속해서 던져야 한다. 조브리스트는 쇼가 던진 6구를 강하게 쳐서 공을 좌익선상으로 보냈다. 안타였다. 야구의 묘미가 여기에 있다. 투수와 타자는 결국 공 1개로 극도의 심리전을 펼치는 것이다. 타자는 투수로 하여금 자신이 치기 원하는 공을 던지게 하기 위해 원하지 않은 구종과 코스로 오는 공을 커트해 파울을 만들어낸다. 투수 입장에서는 타자가 기다리는 공은 절대 던져서는 안 된다. 타자의 예측을 벗어난 공을 던져서 타자가 헛스윙을 하게 하거나 루킹 삼진으로 아웃시켜야 한다. 2루 주자인 알모라 주니어는 여유 있게 홈으로 뛰어 들어왔다. 7:6이다. 컵스가 다시 1점 앞서는 순간이다. 그 사이에 1루에 있던 리조는 3루까지 출루해 있었다. 조브리스트는 2루 베이스를 밟아 2루타가 되었다. 팽팽하던 균형은 깨지기 시작했다. 잘 던지던 쇼는 낙담하는 표정이 역력했다. 쇼 입장에서는 너무 성급하게 조브리스트와 승부를 펼친 것을 후회하는 분위기였다.

　다음 타자는 6번 에디슨 러셀이다. 러셀도 컵스의 신인 유망 선수다. 컵스는 주전 선수 가운데 4명이 20대 초반의 신인 선수였다. 포수는 감독으로부터 사인을 받았는지 투수에게 공을 밖으로 빼도록 유도해 러셀을 고의사구로 내보냈다. 모든 베이스를 다 채우는 작전이다. 2루와 3루에 주자가 나가 있는 상황에서 연속해서 4개의 볼을 던져 러셀을 1루로 내보냈다. 이제 모든 베이스에 주자를 출루시킨 셈이다. 인디언스 입장에서는 다음 타자인 7번 타자 미구엘 몬테로와 승부를 벌여 3명의 주자 가운데 2명의 주자를 동시에 아웃시키는 더블플레이를 유도하겠다는 작전이다. 3루 주자를 홈에서 아웃시키는 것보다는 1, 2, 3루에 있는 타자를 아웃시키는 편이 수월하기 때문이다. 누상에 있는 주자들을 아웃시키면서 점수를 더 이상 내주지 않는 방법으로 쓰는 작전이다. 하지만 이 작전은 위험성이 따른다. 만약 타자가 안타나 홈런을 치면 대량 실점이 되기 때문이다. 투수는 가급적 타자를 삼진으로 아웃시키든지 무조건 내야 땅볼을 유도하든지 해야만 한다. 그래야 더블플레이로 아웃시킬 수 있기 때문이다.

몬테로를 상대로 쇼는 신중하게 포수의 사인을 받고 공을 던졌다. 그에게 절대로 좋은 코스의 공을 던지면 안 되는 상황이었다. 투수 입장에서는 반드시 내야 땅볼을 유도해야 한다. 반면에 컵스 타자 입장에서는 내야 땅볼이 되는 상황이 최악이다. 한 번에 2명이 아웃되는 더블플레이를 피하기 위해서는 최소한 공을 외야 쪽으로 보내야 하는 것이다.

몬테로는 쇼의 공을 때려 좌전 안타를 만들었다. 3루 주자 리조는 여유 있게 홈으로 들어왔다. 2루 주자 조브리스트는 3루까지 진루하고, 1루 주자 러셀은 2루 베이스를 밟았으며, 타자인 몬테로는 1루까지 안전하게 출루했다. 점수는 순식간에 8:6으로 컵스가 2점을 앞서기 시작했다. 승리의 여신은 시카고 컵스로 다시 기우는 듯했다.

컵스 팬들은 자리에서 일어나 열광적으로 승리의 기운을 만끽했다. 열광을 넘어 울부짖는 등 광분하는 모습에 가까웠다. "컵스가 이겼다 Cubs WIN "라는 글자가 쓰인 보드와 플래카드가 곳곳에서 보이기 시작했다. 팬들이 미리 준비해온 듯했다. 그제야 마음껏 깃발을 흔들어댔다. 인디언스의 테리 프랑코나 감독이 마운드로 올라왔다. 그는 투수 쇼로부터 공을 건네받은 후 쇼의 어깨를 툭툭 치면서 격려해주는 모습이다. 얼굴이 매우 인자하게 생긴 프랑코나 감독은 언제 봐도 표정이 밝다. 그게 프랑코나 감독의 장점이다. 그는 투수를 트레버 바우어로 교체했다.

바우어는 8번 타자 제이슨 헤이워드를 삼진 아웃시키고, 9번 타자 하비에르 바에즈를 중견수 플라이 아웃시켰다. 바우어가 등판해서 9개의 공으로 2개의 아웃카운트를 잡아낸 것이다. 인디언스 팬 입장에서는 프랑코나 감독이 투수 교체를 좀 더 일찍 했더라면 하는 아쉬움이 남았을 것이다. 하지만 이런 후회는 푸념 섞인 가정법에 불과하다. 마치 지나간 역사적 사건에 대해 '만약 그때 이렇게 했더라면 상황이 많이 바뀌었을 텐데'라고 가정하는 것과 마찬가지다. 역사에서 가정법이 통용되지 않듯이 야구에서도 감독의 투수 교체나 대타 투입을 사후에 평가하는 일은 부질없는 일이다. 야구 경기에서는 오로지 현재만 존재하기 때문이다.

## 인디언스의 10회 말 공격

컵스는 투수를 채프먼에서 칼 에드워드 주니어로 교체했다. 인디언스의 첫 타자는 4번 타자 마이크 나폴리다. 인디언스는 2점 차로 뒤지고 있었지만 8회 말에 5번 타자 라미레즈부터 시작해 3점을 뽑아내서 동점을 만들었던 팀이었다. 그것도 컵스의 특급 마무리 투수인 채프먼을 상대로 말이다. 4번 타자 나폴리는 에드워드 주니어의 5구째 공에 헛스윙을 하면서 삼진 아웃되었다. 1아웃이다. 다음은 5번 타자 호세 라미레즈다. 그도 에드워드 주니어의 5구를 타격했지만 유격수 땅볼로 아웃되고 말았다. 2아웃이다.

컵스는 이제 아웃카운트 1개만 더 잡으면 2016년 메이저리그 30개 팀 가운데 최고의 자리에 오르는 것이다. 게다가 108년 만에 월드 시리즈 우승 반지를 끼우는 순간이다.

그동안 잘 던지던 에드워드 주니어가 브랜든 가이어를 상대로 3구 연속

볼을 던져 3볼이 되었다. 약간 흔들리는 모습을 보였다. 4구는 스트라이크다. 투수의 3연속 볼 다음에는 타자 입장에서는 4구는 기다리는 경향이 있다. 4구를 타격해서 아웃이 된다면 정말 팀 분위기에 찬물을 끼얹은 셈이되기 때문이다. 특히 지금과 같이 중요한 게임에서는 무조건 4구는 기다려야 한다. 에드워드 주니어의 5구는 볼이다. 가이어는 2아웃에서 1루에 출루해 인디언스 입장에서는 마지막 희망의 불길을 살리는 순간이다.

7번 타자는 라자이 데이비스다. 1루 주자는 투수와 포수가 타자한테 집중하는 틈을 타 2루까지 쉽게 도루했다. 컵스 입장에서는 2점 차로 승리하고 있는 상황이기 때문에 타자에 집중하는 모습이다. 오늘 타격감이 좋은데이비스는 8회 말에도 2아웃 상황에서 100마일 투수 채프먼을 상대로 2점 홈런을 때려냈다. 아마도 컵스의 감독이나 선수들은 8회 말에 3실점을한 일을 잊을 리가 없었을 것이다. 데이비스는 투수 에드워드 주니어의 2구를 타격해 중전 안타를 만들었다. 2루 주자인 가이어가 홈으로 뛰어들어 세이프가 되었다.

스코어가 8:7이 되는 순간이다. 야구는 "끝날 때까지 끝난 게 아니다"라는요기 베라의 말은 야구가 있는 한 사라지지 않을 명언이라는 생각이 드는순간이다. 오늘은 인디언스가 패할 것 같지 않다는 생각이 들기 시작했다.장타 하나면 다시 동점이 될 수 있는 상황이 된 것이다. 인디언스는 8회 말에도 2아웃 상황에서 3점을 뽑아내서 동점을 만들었기 때문이다.

8번 타자 마이클 마르티네즈가 타석에 들어서는 순간 컵스의 조 매든 감독이 투수를 향해 걸어 나온다. 투수 에드워드 주니어를 교체하기 위함일것이다. 보통 투수 코치가 나오면 작전을 전달하는 경우가 많고, 감독이 나오는 경우에는 투수 교체를 위한 경우가 많기 때문이다.

매든 감독은 에드워드 주니어를 마이크 몽고메리로 교체했다. 순간 인디언스 벤치에서는 크게 당황하는 모습이 역력했다. 왜냐하면 인디언스 입장에서는 애드워드 주니어에 대한 분석이 다 되었고, 선수들도 그의 공이 제대로 보이기 시작했기 때문이다. 프랑코나 감독은 투수 코치에게 긴급히 인터폰을 들었다. "몽고메리가 마무리로 등판한 적이 있었나요?" 투수 코치는 한참 자료를 뒤적거리다가 "아니요, 처음입니다. 작년에 데뷔한 좌완 투수입니다"라고 답했다. 투수 코치가 아는 것은 그 정도였다. 우완 투수에서 좌완 투수로 교체하면 공격하는 입장에서는 우타자를 좌타자로 교체하는 것이 일반적인 작전이다. 왜냐하면 좌타석에서 좌완 투수의 공을 공략해 안타를 칠 확률이 높다는 것이 정설이기 때문이다.

우리나라의 대표적인 4번 타자인 이대호 선수 이야기를 하면 이해하기 쉬울 것이다. 그는 한국과 일본에서 최고의 타자로 활약했다. 특히 2015년에는 일본 야구의 최고 승자를 결정하는 재팬 시리즈에서 최우수 선수로 선정되었다. 한국과 일본 프로야구에서 최고의 자리를 경험한 것이다. 이대호는 많은 연봉이 보장된 일본과 한국의 프로야구 팀의 제의를 뿌리치고 미국 메이저리그에 도전했다. 만 34세 나이에 새로운 도전을 한 것이다. 25인 로스터 자리를 보장받은 것도 아니었다. 그는 시애틀 매리너스의 주전 1루수인 애덤 린드 선수의 대타 요원으로 경쟁했다. 린드가 좌완 투수에게는 타율이 너무 좋지 않아서 좌완 투수가 등판할 경우에만 교체용으로 경기에 출전하는 역할이다. 바로 플래툰 요원이다.

매든 감독이 이렇게 중요한 순간에 알려지지 않은 신인 투수인 몽고메리를 투입한 이유를 정확히는 알 수 없었다. 인디언스의 프랑코나 감독은 왼손 투수에게 강한 좌타자로 교체하지 않고 오늘 타격감이 좋은 마르티네즈를 그대로 등판하게 했다.

몽고메리는 마르티네즈를 상대로 초구는 스트라이크를 잡았다. 신인 투수인 몽고메리가 이렇게 긴장되고 중요한 순간에 초구를 과감하게 스트라이크존으로 던져 타자를 압도한 것이다. 마르티네즈는 약간 당황했다는 듯이 스트라이크를 선언한 마스크를 낀 주심을 힐끗 쳐다보았다. 잠시 타석을 벗어나더니 몇 번의 스윙 연습을 하고는 다시 타석에 들어섰다. 몽고메리는 신중하게 2구를 던졌다. 방향으로 볼 때 스트라이크와 볼의 중간 지대로 보이는 공이었다.

마르티네즈는 힘껏 배트를 휘둘렀다. 공은 땅볼로 3루수를 향했다. 컵스의 3루수인 브라이언트에게 잡히고 말았다. 수비가 좋은 브라이언트가 이 공을 놓칠 리가 없었다. 그는 재빠르게 공을 1루수 리조에게 송구해 아웃 처리하였다. 마르티네스는 몽고메리가 신인이므로 초반에 기선을 제압하려고 공격을 서둘렀을까? 아니면 초구부터 스트라이크로 승부하는 몽고메리의 공격적인 투구에 심리적으로 쫓겨서 급하게 공격한 것일까?

아무튼 몽고메리가 공 2개로 마르티네즈를 아웃 처리한 것이다. 몽고메리는 초구부터 과감하게 스트라이크를 던져 정면으로 승부를 걸었다. 이런 과감한 승부에 마르티네즈가 약간 당황하면서 압도당하는 느낌이다. 투수와 타자는 심리 싸움을 하고, 누가 극도의 중압감을 잘 극복해내느냐가 승부의 관건인 것이다. 몽고메리가 중압감을 더 잘 극복한 셈이다. 드디어 길고 길었던 월드 시리즈 7차전은 이렇게 끝났다. 영영 끝나지 않을 것 같던 경기가 마침내 종지부를 찍는 순간이다. 컵스 팬들은 그동안 참았던 눈물을 흘리면서 깃발을 힘차게 흔들어댔다.

더그아웃에서 경기를 지켜보던 컵스 선수들은 환호성을 지르면서 누가 먼저랄 것도 없이 그라운드로 뛰어들었다. 모두 그라운드의 중앙인 마운드로 달려왔다. 서로 얼싸안고 껑충껑충 뛰기 시작한다. 외야 수비수들도 뛰어와 서로 올라타고 넘어지고 엉키면서 다시 그 위에 올라타고 한다. 마치 돌탑을 쌓듯이….

컵스가 2016년 월드 시리즈를 우승한 것이다. 경기의 마지막은 몽고메리, 브라이언트, 리조로 끝낸 셈이다. 이들은 모두 경력 2년이 채 안 된 컵스의 신인 선수들이다. 매든 감독의 투수 교체가 효과를 본 셈이다. 8회 말 2아웃 상황에서 최고의 마무리 투수인 채프먼을 등판시켰다가 3실점을 한 투수 교체 실패를 만회한 것이다. 10회까지 타격전으로 가는 상황에서 투입할 수 있는 투수를 모두 등판시켜야 하는 상황이었다.

특히 이날 마무리 투수로 세이브를 올린 몽고메리는 지금까지 65경기에 등판했지만 지금과 같은 세이브 상황에서 등판한 적이 한 번도 없었다. 월드 시리즈 7차전에서 첫 세이브를 올린 셈이다. 우완 투수인 에드워드 주니어 대신 좌완 투수인 몽고메리로 교체한 작전이 성공을 거둔 셈이다. 타자 입장에서는 오른손으로 공을 던지는 투수를 상대하다가 갑자기 왼손으로 공을 던지는 투수의 공에 적응하기란 쉬운 것이 아니다. 감독들 입장에서는 우완 투수와 좌완 투수를 교대로 내세우는 작전을 자주 펼치는 이유다. 언제까지라도 경기장에 있을 것 같았던 클리블랜드 팬들이 하나둘 자리에서 일어나 경기장을 빠져나갔다. 클리블랜드 인디언스 유니폼과 모자를 쓴 젊은 남자 2명이 한숨을 내쉬면서 대화를 나누고 있다. 그 한숨은 단순히 오늘 패배 때문만은 아닌 듯했다. 한 젊은 남자가 한숨을 푹 내쉬면서 "비의 저주curse of rain"라고 했다. 그러자 옆에 있던 그의 친구는 이젠 "비의 저주까지라니…"라면서 터벅터벅 경기장을 빠져나갔다.

컵스와 인디언스의 월드 시리즈 7차전은 저녁 8시경부터 시작해서 다음 날인 11월 3일 0시 36분에야 끝이 났다. 경기가 끝나자마자 컵스 팬들은 환호하기 시작했다. 마치 광신도들이 신들린 듯이 손을 들고 아우성을 치는 종교 행사장 같았다. 컵스와 인디언스 팬들의 얼굴에는 똑같이 눈물이 흘러내렸다. 하지만 그 눈물의 의미는 달랐다. 컵스 팬들의 눈물은 기쁨과 감격의 눈물이라면, 인디언스 팬의 눈물은 아쉬움과 억울함의 눈물이었다. 같은 장소에서 같은 경기를 본 사람들이 이렇게 다른 모습을 보일 수 있을까?

알아들을 수 없는 응원가를 목이 터져라 부르는 컵스 팬들, "컵스 승리"라는 깃발을 좌우로 휘젓고 서로 얼싸안고 한참을 뛰는 사람들…. 반면에 클리블랜드 팬들 중에는 경기가 끝났는데도 양손으로 귀를 감싸고 멍하니 서 있는 사람들, 자리에 펄떡 주저앉아서 일어날 줄 모르는 사람들, 큰 소음을 막아내기라도 하듯 양손으로 머리부터 귀를 감싸고 있는 사람들, 안경을 벗고 흐르는 눈물을 팔뚝으로 훔쳐내는 사람들…. 마치 중대한 시험을 치른 뒤 벽보에 붙은 합격자 발표 명단을 확인하는 합격한 사람과 떨어진 사람의 모습을 보는 것 같았다.

10회 말 컵스의 승리로 경기가 끝나자마자 더그아웃에서 숨 죽이며 경기를 지켜보던 컵스의 매든 감독과 코치, 선수들은 누가 먼저랄 것도 없이 동시에 그라운드로 뛰어나왔다. TV에서는 선수들의 환호하는 모습과 함께 관중석에서 잘생긴 한 백인 남자가 컵스 로고가 새겨진 파란색 모자를 쓴 어린 남자아이를 양손으로 들어 올리면서 환호하는 모습을 보여주었다. TV 화면은 다시 선수들의 환호하는 모습을 보여주고는 방금 관중석에 있던 그 백인 남자가 이번에는 금발의 여성에게 축하의 키스를 받는 모습을 보여준다. 그 남자는 흥분에 겨워 어쩔 줄 모르면서도 아주 침착하게 행동하는 모습이다. 대체 그 남자가 누구이기에 이 중요한 순간에 2번씩이나 카메라로 보여주는 것일까? 궁금해지기 시작했다.

선수들의 축하의 시간이 지나가면서 필드에서는 기자 인터뷰를 하기 시작했다. 방금 전 한 남자아이를 안아 올리고, 백인 여성으로부터 축하 키스를 받던 그 남자가 인터뷰를 하기 시작했다. TV 자막을 보고서야 그가 시카고 컵스의 사장인 테오 엡스타인이라는 사실을 알 수 있었다. 그는 관중석에서 아들인 잭과 부인 마리와 함께 경기를 지켜보다가 승리의 기쁨을 만끽한 것이다. 그런데 많은 카메라가 관중석에서 가족과 함께 있던 엡스타인을 그렇게 오랫동안 TV에 보여주는 이유는 무엇일까?

그는 바로 2004년 보스턴 레드삭스 단장 시절에 레드삭스가 86년 만에 월드 시리즈를 우승하게 한 장본인이었기 때문이다. 그는 86년 동안 레드삭스가 월드 시리즈 우승을 하지 못하게 괴롭혀온 '밤비노의 저주'를 깨트리고 레드삭스에게 우승 반지를 선물했다. 그가 이날 밤 '염소의 저주'에 휩싸여 108년 동안이나 월드 시리즈 우승을 하지 못한 컵스에게도 월드 시리즈 트로피를 안긴 것이다. 테오 엡스타인은 194년의 저주를 모두 깨트린 '저주 파괴자 curse burster'였다. 과연 194년 동안 월드 시리즈 우승을 하지 못한 팀들에게 우승 트로피를 안긴 비결은 무엇일까? 궁금해지기 시작했다.

경기가 끝난 후에 한 인터뷰 내용을 음미해보면 그 비결을 어렴풋하게나마 알 것 같았다. 테오 엡스타인은 "이보다 더 행복할 수 없다. 함께 일한 직원들의 덕"이라며 "정말 영광스럽다. 이 구단의 일원이라 행복하다"라고 했다. 그는 우승 공로를 컵스에서 함께 한 선수와 직원 모두에게 돌렸다. 조 매든 감독은 "계속 우승에 도전하겠다"라고 말해 오늘 승리가 끝이 아닌 시작에 불과함을 암시했다. 10회 초 결승 타점을 올려 월드 시리즈 최우수 선수 MVP 에 오른 벤 조브리스트는 "마치 헤비급 경기와도 같았다. 계속해서 서로 강타를 날렸다. 심장이 터질 듯이 싸웠다"라고 말했다. 그가 얼마나 치열하게 경기에 임했는지 엿볼 수 있었다.

# 02 )))))))))))))))))))))))))))))))))))))))))))))))))))))))))))))))

# 테오 엡스타인은 누구인가

## 어제의 '동지'가 오늘은 '적'으로 만나다

경기에서 패한 인디언스 선수들은 그라운드와 더그아웃에 주저앉아 흐느껴 울기 시작했다. 패장인 프랑코나 감독은 일일이 선수들에게 다가가 울고 있는 선수들의 어깨를 두드려주면서 격려하는 모습이 화면에 잡혔다. 반면에 컵스의 조 매든 감독은 그라운드 한복판에서 선수들에게 둘러싸여 선수들이 뿌려대는 샴페인으로 옷을 흠뻑 적시고 있었다. 승장과 패장의 모습은 너무나도 대조적이었다. 불과 몇 분 전까지만 해도 긴장 속에 있던 두 감독의 경기 이후의 모습은 너무나 대조적이었다. 승부의 세계는 이토록 냉정한 것이다. 이렇게 승자의 기쁨을 만끽하기 위해 1년 동안 그렇게 치열하게 싸워온 것이리라. 이날 패장인 프랑코나 감독은 몇 년 전까지만 해도 컵스의 엡스타인 사장과 보스턴 레드삭스에서 1승을 따내기 위해 서로 머리를 맞대고 일하던 동료였다. 엡스타인이 보스턴 레드삭스 단장이 되자마자 전임 감독을 경질시키고 프랑코나를 감독으로 영입했기 때문이다. 프랑코나는 2004년 오클랜드 애슬레틱스 코치로 있다가 엡스타인의 부름을 받고 흔쾌히 보스턴 레드삭스 감독이 되었다. 그해 엡스타인과 프랑코나는 레드삭스에게 86년 만에 월드 시리즈 우승 트로피를 선사하는 동지였던 것이다. 그리고 2007년에도 레드삭스가 월드 시리즈 우승을 하게 만든 동지 관계였다. 그런데 이날은 엡스타인은 컵스 사장으로서, 프랑코나는 인디언스 감독으로서 서로 피할 수 없는 한판을 벌인 것이다.

　시카고 컵스의 조 매든 감독은 탬파베이 레이스 감독<sup>2006~2014년</sup> 시절 아메리칸리그 동부 지구에 속해 원 없이 보스턴 레드삭스의 엡스타인, 프랑코나와 경쟁을 벌였던 사이였다. 특히 조 매든은 프랑코나와 엡스타인이 동시에 보스턴 레드삭스를 떠나게 만든 데 결정적 역할을 한 장본인이기도 하다. 2008년 조 매든 감독은 앤드류 프리드먼 단장과 함께 신생 팀이던 탬파베이 레이스를 재건해 뉴욕 양키스, 보스턴 레드삭스, 볼티모어 오리올스 등 강호가 즐비한 아메리칸리그 동부 지구에서 97승 65패 성적으로 리그 1위를 차지했다. 디비전 시리즈에서 시카고 화이트삭스를 물리치고 챔피언 시리즈에 진출했다. 챔피언 시리즈에서 전년도 월드 시리즈 우승 팀으로 2년 연속 월드 시리즈 우승을 꿈꾸던 보스턴 레드삭스와 맞붙었다. 당시 레드삭스는 엡스타인 단장과 프랑코나 감독이 팀을 이끌고 있었다. 양 팀은 7차전까지 가는 접전 끝에 탬파베이 레이스가 승리했다. 조 매든 감독이 레드삭스가 2년 연속 월드 시리즈에 진출하는 것을 막은 것이었다. 그 이후 레드삭스는 3년 연속 포스트시즌 진입에 실패하면서 결국 깊은 성적 부진에 빠져들었고, 그 여파로 프랑코나 감독과 엡스타인 단장이 모두 레드삭스를 떠나게 되는 촉매제가 된 셈이다. 그런데 엡스타인은 시카고 컵스 사장으로 부임하고 팀을 재건시키는 과정에서 자신에게 아픈 상처를 준 적장 조 매든을 컵스 감독으로 영입했던 것이다.

그런데 8년이 지난 후 다시 월드 시리즈에서 비록 당시와는 다른 유니폼을 입고 있지만 엡스타인과 테리 프랑코나는 피할 수 없는 오늘 7차전 경기에서 승부를 가려야 하는 운명으로 만났다. 이것이 바로 야구다. 2016년 아메리칸리그 감독상은 클리블랜드 인디언스의 프랑코나 감독이 차지했다. 2015년에는 시카고 컵스의 매든 감독이 내셔널리그 감독상을 수상했다. 두 감독 모두 명감독임은 틀림없다.


## 시카고와 클리블랜드

승자의 도시 시카고는 최고의 축제 분위기에 휩싸였다. 경기가 끝난 다음 날인 11월 4일 시카고 시내에서는 월드 시리즈 우승 기념 퍼레이드가 펼쳐졌다. 시카고 강은 컵스의 모자 색인 '커비 블루' Cubbie Blue 로 새파랗게 물들었고, 도로에는 컵스 로고를 구성하는 빨강, 파랑, 흰색 종이 꽃가루가 흩날렸다. 시카고 경찰은 이날 도심에 모인 군중을 약 500만 명으로 추산했다. 시카고 역사상 가장 많은 사람이 모인 숫자였다. 시카고 출신 버락 오바마 대통령이 2008년 시카고 그랜트 파크에서 당선 수락 연설을 할 때 25만 명이 모였다. 북미 아이스하키리그 NHL 블랙호크스가 2013년 스탠리

컵 우승을 한 후 기념 퍼레이드를 할 때 모인 인파가 200만 명이었다. 이날 모인 인파는 그 기록마저 깨트렸다. 시카고 인구가 270만 명임을 감안하면 이날 모인 인파가 얼마나 많았는지 짐작할 수 있다.

오전 11시부터 컵스 선수단과 가족, 구단 관계자는 25대의 오픈 톱 버스에 나눠 타고 리글리 필드에서부터 번화가를 거쳐 그랜트 파크까지 퍼레이드를 펼쳤다. 정오부터는 그랜트 파크 허친슨 필드에 마련된 특설 무대에서 축하 행사를 했다.

이 퍼레이드에 참석한 컵스 팬들은 "언젠가"Someday, "드디어 해냈다"It did happen, "월드 챔피언"World Champion 등이 쓰인 플래카드를 들고 선수단을 맞았다. 시카고 인구 수의 거의 2배나 되는 인파가 도로를 가득 메우고 환호하는 모습은 운동 경기 후의 모습이 아니다. 누군가 만약 이들이 들고 있는 플래카드를 보지 못했다면, 이것은 야구가 아닌 전쟁에서 승리한 전사들을 환호하는 모습 그대로였다.

승리의 퍼레이드를 보기 위해 새벽 4시부터 나와 기다렸다는 92세의 한 컵스 팬은 "컵스 우승을 평생 응원했다. 드디어 그 오랜 기다림을 보상받은 기분"이라며 "살아생전 컵스가 챔피언에 오른 모습을 보게 돼 더없이 기쁘다"고 말했다. 언론에서는 생존하는 최고령 컵스 팬으로 108세인 메이블 볼과 비비안 바론을 소개하면서 얼마나 컵스 팬들이 월드 시리즈 우승을 갈망했는지를 보도했다. 이날 축하 행사에서는 컵스 구단주 톰 리케츠, 테오 엡스타인 사장, 조 매든 감독 등이 축하 인사말을 했다.

선수로는 월드 시리즈 MVP를 차지한 벤 조브리스트, 7차전 선발 투수 존 레스터, 최고령으로 7차전에서 홈런을 친 데이비드 로스39세가 차례로 인사말을 했다. 그러고는 월드 시리즈 마지막 아웃카운트를 잡은 공을 리케츠 구단주에게 선물하면서 분위기는 최고조에 달했다. 10회 말에 투수 몽고메리가 던지고 3루수 브라이언트가 잡아서 1루수 리조가 잡아 경기를 끝나게 했던 바로 그 공이다. 브라이언트는 2016년 내셔널리그 최우수 선수 MVP 로 선정되었다.

패자의 도시 클리블랜드 시내는 아주 조용하다. 북새통을 이루던 어제 모습과는 완전히 딴판이었다. 도시는 조용하다 못해 침통하고 을씨년스럽기까지 했다. 야구 경기에서 패배했다고 마치 유령 도시같이 을씨년스러울 수 있단 말인가?

클리블랜드 지역 신문에서는 "'와후 추장의 저주'에 걸렸다. 거기에 '비의 저주'까지"라는 내용이 신문에 게재되기 시작했다. 어제의 패배가 9회 말이 끝나고 갑자기 내린 비 때문이라는 내용도 간혹 보였다. 이제야 인디언스 팬이 경기장을 빠져나가면서 "비의 저주까지라니…"라고 뱉은 알 듯 모를 듯한 말의 뜻을 조금은 알 것도 같았다. 9회 말이 끝나고 내린 비 때문에 클리블랜드가 패배한 것이고, 이것이 앞으로도 클리블랜드를 괴롭히게 될 또 다른 저주가 될 것이라는 우려가 묻어 있었던 것이다. 이들에게는 야구는 단순히 스포츠가 아닌 또 다른 의미가 있는 듯했다.

# 03

>>>>>>>>>>>>>>>>>>>>>>>>>>>>>>>>>>>>>>>>>>>>>>>>>>>>>>>>>>>>>>>>>>>>>>>>>>>

## 저주를 믿지 않는다

### 메이저리그의 4대 저주

2016년 월드 시리즈가 역대 최고의 경기라고 하는 이유는 '염소의 저주' 팀 시카고 컵스와 '와후 추장의 저주' 팀 클리블랜드 인디언스 간의 경기였기 때문이다. 108년 동안을 괴롭혀온 '염소의 저주'가 풀릴 것인가? 68년 동안 우승하지 못하게 한 '와후 추장의 저주'가 풀릴 것인가를 결정하는 경기였다.

두 팀에게는 단순히 야구 경기라기보다는 오랜 시간 동안 월드 시리즈 우승을 하지 못하도록 괴롭혀온 지긋지긋한 저주와의 싸움이었다. '야구 경기'라기보다는 '전쟁'에 더 가깝게 만든 이유였다. 승자인 시카고 컵스는 1907년과 1908년 연거푸 월드 시리즈 우승을 한 이후 108년 만에 다시 월드 시리즈 우승을 한 것이다. 컵스 팬들과 시카고 시민들의 이토록 광적인 축제 분위기를 조금이나마 이해할 수 있다.

클리블랜드 인디언스도 68년 동안 '와후 추장의 저주'Curse of Chief Wahoo 가 괴롭혀왔다. 하지만 오늘 패배로 저주는 풀지 못했다. 게다가 '비의 저주' Curse of Rain 까지 더 얻게 된 경기였다.

오랜 역사를 자랑하는 메이저리그에는 4대 저주가 있다. 108년의 '염소의 저주', 86년의 '블랙삭스 스캔들의 저주', 84년의 '밤비노의 저주', 68년의 '와후 추장의 저주'가 그것이다.

'블랙삭스 스캔들의 저주'Curse of the Black Sox Scandal 는 1919년 월드 시리즈에서 일어난 승부 조작 사건에 의해 시작되었다. 당시 시카고 화이트삭스는 홈런 타자 베이브 루스가 타격의 롤모델로 삼은 유명한 조 잭슨을 비롯해 에디 콜린스, 치크 갠딜 등이 이끄는 타선과 에디 시카티, 클라우드 윌리엄스라는 막강한 원투 펀치 투수를 보유한 메이저리그 최강의 팀이었다. 당시 전문가들은 화이트삭스의 월드 시리즈 우승을 점치고 있었다. 그런데 화이트삭스가 신시내티 레즈에게 졌다. 문제는 화이트삭스가 레즈에게 고의로 경기에 져주었다는 의혹이 생긴 것이다. 결국 선수들이 당시 구단주 찰리 코미스키의 연봉 정책에 불만을 품고 이 같은 승부 조작을 벌인 것으로 확인되었다. 도박사들과 연루되어 돈을 받고 일부러 경기에서 졌다는 의혹이 사실로 밝혀지면서 화이트삭스 선수 8명이 야구계로부터 영구 제명을 당했다. 그 이후에 화이트삭스는 월드 시리즈 우승을 하지 못하자 이를 '블랙삭스 스캔들의 저주'라고 했다. 2005년 시카고 화이트삭스가 휴스턴 애스트로스를 꺾고 월드 시리즈에서 우승하면서 이 저주도 풀렸다. 필자는 당시 텍사스 주에서 유학 중이어서 휴스턴 미닛메이드 파크에서 펼쳐진 마지막 4차전 경기를 TV를 통해 볼 수 있었다.

'밤비노의 저주'Curse of the Bambino 는 보스턴 레드삭스가 1920년 전설적인 홈런 타자인 베이브 루스를 라이벌인 뉴욕 양키스로 이적시킨 후 84년 동안 월드 시리즈 우승을 차지하지 못하면서 시작되었다. 밤비노는 이탈리아 어로 '갓난아기', '꼬마'를 뜻한다. 베이브 루스의 별명을 빗대어 표현한 말이다. 당시 구단주 해리 프레지는 루스의 잠재력을 과소평가했다. 그는 보스턴 레드삭스의 홈구장인 펜웨이 파크의 건설 자금 융자를 얻기 위해 12만 5,000달러에 베이브 루스를 양키스로 트레이드했다. 팬들은 자신들이 좋아한 루스를 싼 가격에 트레이드한 것에 참을 수 없었다. 트레이드를 기점으로 해서 거짓말처럼 보스턴 레드삭스와 뉴욕 양키스는 정반대의 길을 걷는다. 양키스는 루스를 영입한 이후 메이저리그 최고의 명문 구단으로 성장했다. 양키스는 지금까지 27회나 월드 시리즈에서 우승했다. 반면에 보스턴 레드삭스는 1903년 첫 우승을 시작으로 루스를 트레이드하기 전까지는 월드 시리즈에서 5번이나 우승을 차지했지만 루스를 트레이드한 이후에는 84년 동안 단 한 번도 우승하지 못했다.

베이브 루스는 통산 홈런 714개, 타율 0.342, 안타 2,873개를 기록했고, 소속 팀을 7번이나 월드 시리즈 우승으로 이끌었다. 1932년 월드 시리즈에서 자신이 홈런을 날릴 곳을 손으로 가리킨 다음 정말로 그쪽으로 홈런을 친 일은 두고두고 회자되는 전설 같은 이야기다. 루스를 영입한 뉴욕 양키스가 전성기를 맞고 그를 트레이드한 보스턴 레드삭스가 장기 침체를 벗어나지 못한 것은 어쩌면 당연한 일인지 모른다. 보스턴 레드삭스 입장에서는 견원지간이던 뉴욕 양키스에게 루스를 팔아 보스턴 팬들의 실망감은 더 컸을 것이다. 엡스타인이 단장으로 부임한 후 2년째인 2004년 보스턴 레드삭스가 월드 시리즈에서 우승하면서 '밤비노의 저주'가 풀린 셈이다.

이제 남은 저주는 '와후 추장의 저주'와 '염소의 저주'뿐이다. '와후 추장의 저주'Curse of Chief Wahoo 는 클리블랜드 인디언스가 팀의 마스코트인 와후 추장의 그림을 우스꽝스럽게 바꾸면서부터 68년간 월드 시리즈 우승을 하지 못한 것이다. 인디언스는 와후 추장을 친근한 캐릭터로 만들기 위해 1951년 캐릭터의 피부색을 노란색에서 빨간색으로 바꾸고 표정도 익살스럽게 바꾸었다. 그런데 바뀐 캐릭터는 인디언을 조롱한 것이라며 인종차별 논란을 일으켰다. 이러한 일이 와후 추장의 노여움을 사 클리블랜드 인디언스는 월드 시리즈에서 우승하지 못하는 것이라 믿게 되었다. 실제 인디언스도 1948년 이후 68년 동안이나 월드 시리즈에서 우승하지 못하고 있다.

'염소의 저주'Curse of the Billy Goat 는 제2차 세계대전이 끝나고 열린 1945년 월드 시리즈에서 시작되었다. 시카고 컵스는 98승으로 메이저리그 최다승을 거두고 디트로이트 타이거즈와 월드 시리즈에서 만났다. 컵스는 시리즈 전적 2승 1패로 디트로이트를 앞선 상태에서 4차전은 컵스의 홈구장인 리글리 필드에서 벌어졌다. 리글리 필드 부근에서 그리스식 식당인 '빌리 염소 선술집'를 운영하는 빌리 시아니스Billy Sianis 는 컵스의 열혈팬이었다. 그는 월드 시리즈 4차전에 자신의 애완 염소인 '머피'와 함께 경기장에 입장했다. 물론 염소의 티켓도 구입했다. 그런데 '염소에게 악취가 난다'는 이유로 경기 도중에 그는 염소와 함께 리글리 필드에서 쫓겨났다.[2] 화가 난 빌리는 "다시는 이곳에서 월드 시리즈가 열리지 못할 것"이라고 저주를 퍼붓고

---

2   빌리가 야구장에 입장하려 했으나 염소가 냄새가 난다는 이유로 입장을 거부당했다는 설도 있음.

리글리 필드를 떠났다. 빌리는 경기장에서 쫓겨난 뒤 당시 컵스 구단주인 필립 K. 리글리에게 전보를 보냈다. "컵스는 이번 월드 시리즈에서 질 것이다. 당신이 나의 염소에게 모욕을 줬기 때문이다. 앞으로는 절대 월드 시리즈에서 우승하지 못할 것이다"라는 내용이었다. 실제 컵스는 빌리의 말대로 4차전에서 디트로이트에게 4:1로 역전패를 당했다. 시리즈는 7차전까지 가는 접전을 벌였지만 디트로이트가 4승 3패로 월드 시리즈 우승을 했다. 그 일이 있은 이후에 컵스는 거짓말처럼 월드 시리즈에서 우승을 하지 못했다. 그러자 컵스 열혈팬인 빌리 시아니스는 죄책감에 시달렸다. 그는 1969년 리글리 구단주에게 편지로 "저주는 끝났다"the hex was gone 라고 보냈다. 빌리는 이듬해인 1970년 사망했다.

그 이후 컵스 구단은 빌리의 조카인 샘 시아니스가 야구장에서 쫓겨난 머피의 후손인 염소와 함께 1984년, 1989년, 1994년, 1998년 리글리 필드를 방문하게 했다. 1984년 10월 2일 내셔널리그 플레이오프 때 컵스의 새 구단주가 된 프리뷴 컴퍼니에서 빌리 시아니스와 함께 식당을 운영한 조카인 샘을 초청한 것이다. 샘은 머피의 후손인 염소를 끌고 리글리 필드 잔디를 한 바퀴 돌면서 "저주는 이제 끝났다"라고 말하며 일종의 '액풀이' 행사도 치렀다. 그러나 이러한 행사에도 불구하고 컵스는 월드 시리즈에서 우승하지 못했다. 2015년에는 컵스가 무서운 기세로 챔피언십까지 진출했으나 당시 저주를 내린 염소의 이름과 똑같은 이름을 가진 뉴욕 메츠 소속의 다니엘 '머피'를 막지 못해 4연패로 월드 시리즈 진출에 실패했다. 이때 팬들은 염소가 사람으로 환생해 시카고 컵스의 월드 시리즈 진출을 막았다면서 '염소의 저주'가 또다시 주목받기 시작했다.

## '밤비노의 저주'와 '염소의 저주'를 모두 깨트리다

보통 저주는 선수나 구단 또는 팬들의 행동을 사후적으로 평가해 '저주'라는 이름을 붙이는 것이다. 그런데 컵스의 '염소의 저주'는 조금 다르다. 시아니스가 직접적으로 "다시는 이곳에서 월드 시리즈가 열리지 못할 것"이라고 말한 것이 저주의 시작이 되는 차이점이 있다. 시아니스가 '염소의 저주'를 말할 당시에는 어느 누구도 이를 저주로 생각하지 않았을 것이다. 그런데 그후 오랫동안 컵스가 월드 시리즈 우승을 하지 못하다 보니 나중에 그의 악담이 저주로 평가된 것이 아니었을까?

그동안 컵스과 팬들은 염소의 저주를 깨기 위한 여러 가지 시도를 해왔다. 과거 컵스 구단은 여러 차례 시아니스 가문에 요청해 리글리 필드에 염소를 데려왔다. 그러나 2016년 리케츠 구단주와 테오 엡스타인 사장은 달랐다. 2016년에는 오히려 시아니스 가문과 연락을 끊고 어떤 이벤트도 열지 않았다. 컵스를 괴롭히는 '바트만의 저주'로 지목받는 바트만[3]을 시구자로 내세워야 한다는 요구도 묵살했다. 미신에 불과한 저주에 휘둘리지 않겠다는 구단의 입장을 알 수 있다.

컵스가 염소의 저주를 깨고 월드 시리즈 우승을 한 며칠 후 엡스타인 사장은 제드 호이어 단장에게 전화를 걸었다. 염소 구이를 잘할 수 있는 요리사를 찾아달라는 것이다. 호이어는 보카 레스토랑 그룹의 공동 소유자인 케빈 보헴을 통해 수소문 끝에 염소 요리 전문가인 스테파니 이자드라는 여자

---

3  2003년 시카고 컵스는 마이애미 말린스를 상대로 내셔널리그 챔피언십 시리즈에서 3승 2패로 앞섰다. 1승만 더하면 월드 시리즈에 진출할 수 있는 상황에서 6차전도 3:0으로 앞서고 있다가 말린스 선수가 친 파울볼을 관중석에 있던 컵스 팬인 바트만이 먼저 공을 가로채는 바람에 수비수가 잡지 못했다. 그 이후 거짓말처럼 3:8로 역전패를 당했고, 시리즈에서도 패하는 일이 벌어졌다. 그 후 컵스는 '염소의 저주'와 함께 '바트만의 저주'에도 시달려왔다.

요리사를 찾아냈다. 이자드는 4kg이 넘는 염소 구이 특식을 준비했고, 리글리 필드 외야석에 밥상이 차려졌다. 엡스타인 사장은 구단 동료들과 함께 점심으로 염소 요리를 즐긴 뒤 염소 구이 토막 하나를 들고 기념사진까지 찍었다. 보헴은 "그들은 이제 더는 저주가 없을 것이라고 말했다"며 "염소를 먹으며 더없이 행복했다"고 전했다.

이것은 하나의 퍼포먼스에 불과했다. 염소 구이 토막 하나를 들고 기념 촬영을 했다는 것은 다분히 의도된 행사였다. 엡스타인은 저주를 믿지 않았지만 구단 동료들과 염소 요리를 함께 먹으면서 '더 이상은 저주를 믿지 마라', '저주는 언젠가 깨지게 되어 있는 허상에 불과하다'는 것을 각인시켜주기 위해 마련한 깜짝 퍼포먼스가 아니었을까? 엡스타인은 표현하지 않았지만 그토록 컵스와 팬들을 괴롭혀온 '머피'를 먹은 것이다. 다시는 컵스에게 나타나지 말기를 바라는 마음으로….

'염소의 저주'를 스포츠에 스토리를 가미해 흥미를 더하려는 구단의 마케팅 기법으로 보는 시각도 있다. 그만큼 야구 경기에 변수가 많고 경기에 집중하는 팬들이 많다는 것을 나타낸다. 이제 메이저리그에서 4대 저주 가운데 클리블랜드 인디언스의 '와후 추장의 저주'만이 남았다. 앞으로도 또 다른 저주는 만들어질 것이고, 누군가 또 그 저주를 깨려고 도전할 것이다. 어쩌면 '밤비노의 저주'와 '염소의 저주'를 모두 깬 엡스타인이 메이저리그의 흥미를 반감시키는 역할을 한 것이 아닐까?

# PART 2

# 테오 엡스타인은 어떻게
# 194년 저주를 깨트렸을까

메이저리그 구단의 조직 내부는 외부에는 잘 알려져 있지 않다.

이들이 펼치는 야구 경기를 야구장에서만 볼 수 있기 때문이다.

이들 회사는 기계나 로봇을 전혀 사용할 수 없고, 오직 사람(선수)으로만 성과를 보여줘야 한다.

그래서 아주 예민하다. 작은 실수 하나가 승리와 패배를 결정한다.

아무리 돈을 많이 투자한다고 해도 그 효과가 바로 나타나지도 않는다.

반대로, 적은 돈을 투자하고서도 대박을 터트릴 수 있다.

2003년 20여 년 된 신생 팀 마이애미 말린스가, 창단한 지 100년이 넘고 자산 가치도 5배가 넘은 뉴욕 양키스를 물리치고 월드 시리즈에서 우승했다.

다윗이 골리앗을 이긴 것이다.

메이저리그에서는 이런 일이 종종 벌어진다.

그래서 1년에 7,000만 명이 넘는 사람이 돈을 내고 경기장을 찾는다.

전 세계 수억 명이 넘는 사람들이 TV를 통해 이들이 펼치는 무한 경쟁을 지켜본다.

수많은 사람에게 각본 없는 드라마를 통해 감동과 희망을 준다.

# 01

## 테오 엡스타인은 마법사인가

### 쌍둥이 형제

엡스타인은 1973년 12월 29일 뉴욕 시의 부유한 유대인 가정에서 태어났다. 대학 교수인 아버지 레슬리<sup>Leslie</sup> 와 성공한 사업가인 어머니 아일린<sup>Ilene</sup> 사이에서 2남 1녀 중 막내로 태어났다. 레슬리와 아일린은 아일린의 쌍둥이 자매인 샌디의 소개로 만났다. 둘은 첫눈에 반해 사랑에 빠졌고, 곧 결혼하게 되었다. 뉴욕에 있는 퀸스 대학교<sup>Queens College</sup> 에서 레슬리와 함께 공부했던 샌디는 다소 무미건조한 수업 과정에서 남다른 총명함과 유머 감각이 있던 그를 아일린에게 소개한 것이다.

레슬리와 아일린은 슬하에 1녀 2남을 두었다.

큰딸 안야<sup>Anya</sup> 를 낳은 후 3년 만에 쌍둥이 아들을 낳았다. 레슬리는 큰아들 폴<sup>Paul</sup> 보다 10초 늦게 태어난 쌍둥이 둘째 아들에게 테오<sup>Theo</sup> 라는 이름을 붙여주었다. "쌍둥이 동생에게 '테오'<sup>Theo</sup> 라는 이름을 붙여준 것은 네

덜란드 화가 빈센트 반 고흐 Vincent Van Gogh 의 친동생 테오 반 고흐 Theo Van Gogh 의 이름에서 영감을 받았기 때문이다"라고 훗날 〈예일데일리뉴스〉와의 인터뷰에서 밝혔다. 쌍둥이 형제인 폴과 테오가 고흐 형제와 같이 두터운 형제애를 유지하기를 바라는 레슬리의 마음을 알 수 있다.

쌍둥이 둘째 아들에게 테오라는 이름을 지은 것만 보아도 레슬리의 문학적인 기질을 엿볼 수 있을 것이다. 테오의 집안은 유명한 문인이 많은 것으로 잘 알려져 있다. 그의 할아버지인 필립 엡스타인은 쌍둥이 형제인 줄리어스 엡스타인과 함께 잉그리드 버그만이 주연한 〈카사블랑카〉 영화의 각본을 썼다. 필립과 줄리어스는 이 영화로 1943년 아카데미 각본상을 받았다.

테오의 아버지 레슬리는 미국 예일 대학교와 영국의 옥스퍼드 대학교를 졸업했다. 그는 보스턴 대학교에서 20년 넘게 창작 글쓰기 과정의 책임자로 일하고 있다. 레슬리는 9권의 소설을 출간했으며 그 가운데 1979년 출간한 《유대인의 왕》 The King of the Jews 이라는 책은 10개 국어로 번역되어 출간되었다. 테오의 누나 안야 Anya 또한 문학에 천부적인 기질을 발휘하고 있다. 그녀는 《강력 살인: 도로 위의 삶》 Homicide: Life on the street 이라는 수사극 시리즈 대본을 썼다. 이 드라마는 미국 NBC TV에서 1993년부터 1999년까지 6년 동안이나 황금 시간대에 인기리에 방영되었다. 안야의 남편인 댄 퓨터먼 Dan Futterman 역시 작가와 방송인으로서 이름을 날리고 있다. 그는 2006년 〈카포테〉 Capote 라는 영화의 대본을 써서 아카데미 각본상을 받았다. 테오의 집안에서 2번째로 아카데미 각본상을 받은 것이다.

반면에 테오의 어머니 아일린은 문학적인 소질보다는 비즈니스 분야에서 성공한 여성이다. 그녀는 뉴욕 브루클린에서 유명한 여성 의상실을 운영했다. 놀랍게도 그녀도 쌍둥이 자매인 샌디<sup>Sandy</sup> 와 함께 의상실을 운영하고 있다.

## 보스턴 레드삭스 유격수를 꿈꾸다

테오가 5살이 되던 1978년에 뉴욕에서 보스턴으로 이사를 하게 된다. 보스턴으로 이사한 테오 가족은 레드삭스 홈구장인 펜웨이 파크<sup>Fenway Park</sup> 에서 한 블록 떨어진 마을에 살았다. 레슬리는 지독한 야구광이었다. 그는 어릴 적부터 야구에 푹 빠져 있었다. 캘리포니아에 있는 마이너 리그 퍼시픽 코스트 리그에 속한 '할리우드 스타들'<sup>Hollywood Stars</sup> 팀의 열렬한 팬이었다. 예일대 진학으로 동부로 오면서 보스턴 레드삭스가 그의 마음을 사로잡게 된다. 쌍둥이 아들인 폴과 테오에게 야구 룰과 야구 관람의 묘미를 알려주어 야구를 즐길 수 있도록 가르쳐주었다. 레슬리는 자유분방한 편이지만 유독 뉴욕 양키스를 '악의 제국'<sup>Evil Empire</sup> 이라고 하면서 두 아들이 양키스 주변에는 얼씬도 못하게 했다. 아마도 양키스가 돈으로 야구를 하려 한다는 이유로 싫어했던 것이 아닐까? 양키스가 우수한 선수를 돈으로 모조리 싹쓸이한다는 것을 비난하는 말이 바로 '악의 제국'이었다. 이 말은 후일 엡스타인의 상사가 되는 보스턴 레드삭스 래리 루치노 사장이 작명한 것이다.

테오가 어릴 적부터 야구광인 아버지를 통해 야구에 대한 관심과 흥미를 갖게 된 것은 너무도 당연한 일이었다. 폴과 테오는 가끔 아버지를 따라 펜웨이 구장에 가기도 하고, 둘이서 가기도 했다. 매 시즌 레드삭스 홈경기를 적어도 10번은 관람했다. 두 형제 모두 10살 무렵에는 야구에 푹 빠져 있었다. 폴과 비교하면 테오의 야구에 대한 열정과 몰입은 남달랐다. 테오는 당시 상황을 이렇게 회상한다. "3이닝이 되면 형 폴은 잡지를 읽고 있었는데 나는 전체 이닝에 대한 점수를 다 외우고 있었죠."

대부분의 10살짜리 소년은 야구 경기를 보면서 한 이닝 점수에도 집중할 수 없는 데 비해 테오는 몇 이닝 점수를 다 외우고 있었다. 테오가 얼마나 야구에 흥미를 느끼고 집중했는지를 알 수 있다. 그때부터 테오는 야구 선수가 되는 것이 꿈이었다. 특히 보스턴 레드삭스의 주전 유격수가 되는 것이었다. 아일린도 "테오는 8살, 9살 때부터 스포츠와 관련된 일을 하지 않으면 행복하지 않다"라고 주변 사람들에게 말하곤 했다"라고 회상했다.

## 좌절과 시련

꿈 많은 엡스타인에게 시련이 찾아왔다. 십대 소년 시절의 꿈을 포기해야 하는 엄청난 일이 일어난다. 그가 축구를 하다가 눈 윗부분이 크게 찢어지는 중상을 입게 된 것이다. 그가 야구 선수의 꿈을 이루는 데 첫 시련인 셈이다. 테오는 눈 부상을 당하고는 운동을 할 때면 스포츠 고글을 쓰게 되었다. 하지만 그 충격으로 한동안 야구 배트로 공을 똑바로 때려 날려 보낼 수 없었다. 공을 똑바로 던지지도 못할 뿐만 아니라 야구장에 가는 것조차 기피하게 되었다.

테오의 운동 경력 가운데 하이라이트는 브루클린 포니 리그에서 그가 속한 유소년 팀이 지역 우승을 한 것이다. 당시 테오는 팀에서 투수와 내야수로 활약했는데 당시 리그에서 유일하게 커브볼을 던질 줄 아는 투수였다. 하지만 무리하게 커브볼을 던지면서 팔에 이상이 생겼다. 이것이 그의 운동 경력에서 2번째 큰 부상이 된다.

테오는 시간이 갈수록 필드에서 뛰는 야구 선수가 되는 꿈을 이루기가 어렵다는 것을 깨닫는다. 그때부터 선수는 아니지만 야구와 관련된 다른 분야에서 일을 하고 싶어 했다. 눈 부상을 당하고부터는 야구장에 가지 않고 TV로 야구 중계를 보기 시작했다. 야구 경기가 있는 날이면 3살 위인 누나 안야와 TV 채널을 놓고 다투기도 했다. 야구 경기에 몰두하는 테오에게 아버지 레슬리는 TV 중계를 보기 전에 책을 읽을 것을 요구했다. 하지만 레드삭스 열혈팬이었던 테오는 아버지의 명령을 거역하지 않을 수 없었다. 그는 자기 방안에 들어가 문을 잠그고는 소리 내어 책을 읽는 척했지만 사실은 라디오를 작게 틀어놓고 야구 중계를 들었던 것이다. 테오가 아버지의 말을 어긴다는 것은 상상하기 힘든 일이었지만 그의 야구에 대한 열정이 얼마나 대단했는지를 알 수 있다. 그의 한 여자 동창은 당시 그에 대해 "안경을 낀 깡마른 체구에 영리한 편이었다", "고등학교에 다닐 때 안경을 벗어던지고 나서야 더 유명해졌다"라고 기억하고 있었다.

고등학교 시절에 와서야 테오는 어릴 적 입은 눈 부상의 상처와 후유증에서 조금씩 벗어나기 시작한 것으로 보인다. "안경을 벗어던지고 나서야 더 유명해졌다"라는 표현에서 보듯 그가 눈 부상 때문에 오랫동안 시련을 겪다가 이때부터 그 시련에서 조금씩 벗어난 것으로 볼 수 있기 때문이다. 그 무렵에 테오가 보스턴 레드삭스 단장이 되는 것이 그의 새로운 꿈이라는 말이 조금씩 들려오기 시작했다.

1986년 보스턴 레드삭스와 뉴욕 메츠 간의 월드 시리즈 경기를 보았는데 이것이 테오가 처음으로 월드 시리즈 경기를 직접 관람한 것이다. 당시 가족들과 함께 펜웨이 파크에서 3차전을 관람하게 되었는데 레드삭스는 메츠에게 7:1로 패한다. 테오의 가족은 다시 뉴욕으로 이사했고, 그는 브루클린 고등학교를 졸업했다. 테오의 형 폴은 현재 블루클린 고등학교 교직원이면서 축구부 부감독으로 일하고 있다.

## 보스턴 레드삭스 단장에의 도전

테오 엡스타인은 1991년 가을 학기에 코네티컷 주에 있는 명문 대학인 예일대에 입학한다. 예일대를 졸업한 아버지 레슬리의 영향인지 엡스타인은 어릴 적부터 예일 대학을 가는 것을 당연하게 생각했다. 그는 야구를 좋아하면서도 책 읽기도 게을리하지 않았다. 초등학교 시절 대부분의 고전은 다 읽었을 정도였다.

엡스타인은 예일대에서 미국학American Studies major 을 전공했다. 예일대의 미국학은 미국에서도 가장 오래된 전공 중 하나로 잘 알려져 있다. 미국학에서는 미국 역사, 문학, 영화, 사회학, 정치학 등을 두루 배우게 된다. 프로그램이 다양해서 여러 분야를 배울 수 있기 때문에 열린 마음을 가진 학생에게 아주 적합했다. 하지만 엡스타인은 그런 열린 마음을 가진 학생이 아니었다. 오히려 머릿속에는 온통 야구에 대한 생각으로 가득 차 있었다. 이 때문에 다른 분야에는 다소 폐쇄적인 편이었다. 졸업한 후 그와 함께 수업을 들은 것을 기억하는 동창생이 거의 없을 정도였다. 그가 학과 수업에는 얼마나 소극적이었는지 알 수 있는 대목이다.

당시 엡스타인은 야구에 몰입되어 있었기에 미국학이 그의 꿈을 실현하는 데 큰 역할을 하지 못한다고 생각했다. 예일대 시절 엡스타인을 기억시킬 수 있는 점은, 그가 〈예일데일리뉴스〉Yale Daily News 스포츠 분야 칼럼니스트와 편집자로 활동한 것이다. 그의 칼럼은 주로 예일대 운동 팀, 선수들과 코치들에 관한 의혹과 지원에 집중되어 있었다. 큰 이슈에 관한 의혹을 제시해 관심을 끄는 칼럼을 썼던 것으로 알려졌다. 그의 칼럼의 내용은 단순한 가십거리가 아니라 이슈의 당사자들이 의견을 직접 드러내도록 유도함으로써 많은 사람들이 그들의 입장을 듣게 하는 것이었다. 엡스타인은 자신이 쓴 칼럼에 대한 반응에 대해 자신의 견해를 명확하게 드러내기도 했다. 특히 엡스타인이 3학년 때 하버드대와 예일대의 풋볼 경기 전망에 관해 쓴 칼럼이 큰 반향을 불러일으켰다.

"아직도 카멘 감독으로 계속 가야 하는가?"Is It Time for Carmen to Go? 라는 제목의 칼럼이었다. 그는 당시 예일대 풋볼 감독인 카멘 코자Carmen Cozza 에 대한 비판적인 칼럼을 썼다. 카멘은 당시 예일대 풋볼 감독으로 예일대를 아이비리그 챔피언십에서 10번씩이나 우승시키고, 대학 풋볼 명예의 전당에 오른 전설적인 인물이었다. 그는 총 179게임을 승리로 이끈 그야말로 예일대 풋볼의 상징이었다. 하지만 엡스타인은 그가 팀에서 떠나길 원한다고 썼다. 그 이유는 카멘에게 열정이 부족하고, 그가 선수들에게 동기 부여하는 일에 의문을 가지고 있었기 때문이다. 게다가 팀의 투지에 대해서도 비판적이었기 때문이다.

이 칼럼뿐만 아니라 당시 〈예일데일리뉴스〉 편집국장인 에밀리 넬슨은, 엡스타인이 자신이 진실이라고 믿는 일에는 절대 망설이지 않았다고 기억한다. 또한 엡스타인이 예일대를 졸업한 후에는 보스턴 레드삭스 단장이 될 거라고 말하고 다닌 것을 기억했다. 당시 엡스타인을 아는 이들 중에는 그가 글을 잘 쓴다는 사실과 레드삭스 단장이 되겠다는 의지가 강했다는 것을 기억하는 사람이 많았다. 또 다른 신문사 사람은, 엡스타인이 유머 감각이 뛰어나고 재미있게 이야기를 잘하는 것을 기억하고 있었다. 엡스타인은 대학 시절 학과 공부에는 다소 소극적이었지만 야구, 풋볼 등 스포츠에는 아주 열정적이었다.

## 볼티모어 오리올스 인턴 시절

엡스타인은 대학 1학년을 마치면서 여름방학 때 메이저리그 구단 인턴 자리를 찾는다. 우선 예일대 출신으로 메이저리그 구단에 근무하는 사람을 물색했다. 마침 볼티모어 오리올스 프런트 직원이 예일대 출신이라는 사실을 알게 되었다. 엡스타인은 바로 그에게 편지를 쓰기로 한다. 자신의 야구에 대한 열정과 지식을 편지로 어필하는 방법을 택한 것이다. 하루에도 수천 통의 인턴 신청을 받는 구단에서 인턴 자리를 얻는 것이 쉬운 일이 아님을 잘 알고 있었기 때문이다.

이때 보낸 편지 한 통이 그가 메이저리그와 인연을 맺게 하는 중요한 계기가 될 줄을 누가 알았겠는가? 이 편지는 엡스타인의 예상대로 볼티모어 오리올스 관계자에게 그의 야구에 대한 열정을 어필함으로써 그가 야구 쪽에 한 발자국 다가가게 만들었다. 이때 쓴 한 통의 편지가 그를 메이저리그 궤도에 올려놓고 일사천리로 달릴 수 있게 만든 것이다.

그가 접촉한 첫 예일대 동문은 캘빈 힐 <sup>Calvin Hill</sup> 이었다. 힐은 NFL <sup>미국 프로 풋볼</sup> 댈러스 카우보이스 등에서 러닝백으로 맹활약한 선수 출신이었다. 힐은 은퇴 후 볼티모어 오리올스에서 행정 부문 부사장으로 근무하고 있었다. 힐은 엡스타인의 편지를 받고 엡스타인이 세이버메트릭스의 창시자인 빌 제임스 책에 나온 용어를 자유롭게 구사할 뿐만 아니라 야구 역사에도 해박함을 직감할 수 있었다. 엡스타인이 보낸 한 통의 편지에서 그의 자질을 한눈에 알아본 것이다. 힐은 엡스타인이 보낸 편지를 그와 함께 근무하던 행정 부문 국장이던 찰리 스타인버그 <sup>Charles Steinberg</sup> 박사에게 전달했다. 그는 17살이던 1976년에 오리올스 인턴으로 시작해서 국장까지 오른 입지전적인 인물이었다. 그는 하루에도 수많은 인턴 후보자를 면접하기 때문에 한눈에 인턴 후보자의 자질을 알아보았다. 스타인버그는 엡스타인을 면접하면서 복잡한 내용을 쉽게 설명하는 그의 능력에 주목했다. 또한 자신만의 독특한 시각에서 자신의 견해를 분명하고도 설득력 있게 설명하는 데

감명을 받았다.

마침내 엡스타인은 오리올스 인턴 직원으로 선발되었다. 메이저리그와의 인연이 1992년 여름방학 때 볼티모어 오리올스에서의 인턴 생활로 시작된 셈이다. 엡스타인은 2달 정도의 짧은 인턴 기간에도 남다른 성과를 낸 것으로 유명하다. 당시 그는 니그로 리그<sup></sup>Negro Leagues 4에서 활약했던 선수들과 팀들이 오랫동안 저평가되어왔음을 지적했다. 엡스타인은 오리올스가 가능한 한 빨리 니그로 리그 출신 선수들의 명예를 인정해주는 방안을 제안했다. 스타인버그는 엡스타인의 이런 깜작 제안에 감명을 받는다. 그는 오리올스 담당자들에게 엡스타인의 이 제안을 가능한 한 빨리 그대로 실행할 것을 지시했다. 오리올스는 그동안 무시되어오던 니그로 리그에서 활약한 흑인 야구 슈퍼스타들을 발굴했다. 마침 그해에 오리올스 구단에서 메이저리그 올스타 게임을 개최하는데, 엡스타인이 제안한 이 프로젝트가 메인 행사의 하나로 빛을 발하게 된다.

힐은 스타인버그에게 자신이 본 엡스타인이 마치 메이저리그 7대 커머셔리 MLB 회장를 역임한 바틀렛 지아메티 A. Bartlett Giamatti 를 보는 것 같다고 할 정도였다. 그는 예일대 출신으로 영어학 교수를 하다 예일대 총장까지 지낸 전설적인 인물이다. 엡스타인의 야구에 대한 해박한 지식과 열정은 물론 글쓰기 재능을 알아본 것이다.

엡스타인이 인턴 생활을 하면서 보인 야구에 대한 열정과 참신한 아이디

---

4  미국 내 인종차별로 인해 아프리카계와 라틴계 미국인으로 구성된 프로야구 리그다. 1920년 니그로 내셔널 리그(Negro National League)가 결성되어 성공을 거두었고, 1937년 니그로 아메리칸 리그(Negro American League)가 결성되어 흥행을 거두었다. 1947년 제키 로빈슨의 브루클린 다저스 입단으로 메리저리그에 흑인 선수도 출전이 가능해짐에 따라 점차 쇠태해지다가 1960년에 완전히 사라지게 되었다.

어에 관한 소문은 널리 퍼졌다. 그 소문은 당시 오리올스 구단 지분을 일부 가진 래리 루치노 사장의 귀에까지 들어가게 된다. 힐과 스타인버그는 여러 차례 엡스타인에 대한 이야기를 루치노에게 했다. 그러자 루치노도 장래가 촉망되는 젊은 인턴에 대한 관심을 갖는다. 루치노 역시 엡스타인을 몇 차례 만나면서 힐과 스타인버그가 한 말에 충분히 공감한다. 그러나 1993년 시즌이 끝나자마자 당시 오리올스 구단주인 엘리 제이콥스<sup>Eli Jacobs</sup>가 구단을 처분하고, 이로 인해 루치노 사장은 오리올스 팀을 떠난다. 엡스타인이 루치노와 제대로 인연을 맺기도 전에 루치노가 오리올스를 떠난 것이다.

## 샌디에이고 파드리스 직원 시절

시절인연<sup>時節因緣</sup> ….

루치노가 1995년 샌디에이고 파드리스 사장으로 가면서 엡스타인과의 인연의 끈이 이어지게 된다. 사장이 된 루치노는 그와 함께 일할 직원들을 모은다. 가장 먼저 오리올스에서 함께 일하던 스타인버그를 불러들였다. 그 무렵 엡스타인은 예일대를 졸업했다. 그를 인턴으로 선발하고 그의 진가를 알아본 야구 멘토인 스타인버그는 엡스타인을 파드리스로 불러들였다. 운전조차 하지 못하는 21살의 테오는 혼자 짐을 꾸려 뉴욕에서 캘리포니아 주의 샌디에이고로 간다.

엡스타인이 메이저리그에서 본격적으로 일하는 계기가 되었다. 40년 전

테오의 아버지 레슬리가 캘리포니아에서 코네티컷으로 간 것과는 정반대 방향으로 말이다. 당시 엡스타인에게는 스타인버그가 든든한 후원자였다. 파드리스에서 엡스타인은 첫 보직으로 행사 파트에서 일했다.

그는 대형 전광판을 단 점보트론Jumbotron 차량에 생일 축하 메시지를 입력하는 업무와 같이 행사와 관련한 업무를 담당했다. 스타인버그는 거의 매일 엡스타인이 근무하는 곳까지 오갔다. 주말에는 그를 태우고 마치 친구처럼 여기저기를 다니면서 구경시켜주는 기사 노릇을 마다하지 않았다.

입사한 지 1년이 되자 엡스타인은 홍보부 대리가 되어 언론 안내와 경기 노트 등을 지원하는 업무를 담당한다. 여기서 파드리스 단장이던 케빈 타워스Kevin Towers를 만난다. 그는, 엡스타인이 언론 관련 업무를 담당할 때 "문장력이 정말 뛰어났고, 야구 운영에 관해도 해박하다는 점에 마음이 끌렸다"라고 기억했다. 타워스는 엡스타인이 홍보부에서 1년간 근무를 마치자 그를 야구 운영 부문으로 발탁했다. "모두가 엡스타인을 좋아했고, 그가 사람을 대하는 스킬이 워낙 뛰어나서 어떤 업무를 해도 잘 적응했다. 그는 어떤 일을 맡기든지 적극적이었다. 어느 누구도 깔보지 않고 해야 할 일이 생기면 소매를 걷어붙이고 일을 해냈다." 이런 이유로 타워스는 야구 운영 부문으로 그를 보내면서 승진을 시켰다. 타워스는 엡스타인이 보통 인턴 직원이 몇 주에 걸쳐 해낼 수 있는 업무를 단 하루 만에 해내는 그런 유능한 직원임을 인정했다. 타워스는 루치노로부터 엡스타인을 잘 지도하라는 지시를 받았기에 더욱 관심을 가졌다.

엡스타인은 스타인버그의 제안에 따라 서부까지 온 보람이 있었음을 실감했다. 엡스타인이 만 23세가 되던 1997년에 그에게는 많은 변화가 있었다. 먼저 그는 운전면허증을 취득했다. 두 번째는 사립 대학인 샌디에이고 로스쿨University of San Diego School of Law 야간부에 다니게 되었다. 주간에는 파드리스 운영 부문에서 일하고, 야간에는 로스쿨을 다닌 것이다. 스타인버그는 엡스타인에게 꼭 변호사 자격증을 취득할 것을 권유했다. 스타인버그는 래리 루치노 사장의 성공에는 변호사 자격이 큰 역할을 했음을 너무도 잘 알고 있었기 때문이다. 루치노는 프린스턴대와 예일대 로스쿨을 졸업해 변호사 자격이 있는 야구 경영자였다. 엡스타인은 야구 말고 다른 일을 한다는 것이 선뜻 내키지는 않았지만, 스타인버그의 진심 어린 조언을 감사한 마음으로 받아들였다.

로스쿨에 다닐 때 엡스타인이 수업에 참석하지 못한 날이 많았다. 그럴 때마다 학급 친구에게 파드리스 경기 입장 티켓을 주고 그 대신 노트를 빌려보았다. 엡스타인이 어떤 환경에서든지 자신의 수완을 발휘한 사례다. 엡스타인은 로스쿨 과정을 마치자마자 캘리포니아 주 변호사 시험에 응시해 단번에 합격했다. 그러자 에너하임에 있는 한 로펌에서 그에게 스카우트 제의가 들어왔다. 당시 엡스타인의 연봉이 3만 달러 정도였는데 그 로펌으로부터 첫해 연봉으로 14만 달러를 주겠다는 파격적인 제안을 받았다. 당시 엡스타인이 받았던 연봉의 4배가 넘는 아주 큰 금액이었다. 하지만 야구에 빠져 있던 엡스타인의 마음을 돈으로는 빼앗을 수 없었다. 타워스는 당시 상황을 이렇게 회상했다. "로펌에서 후한 대우를 받고 이 분야도 괜찮다고 생각했지만, 자신의 핏속에는 야구가 자리를 잡고 있기에 연봉이 얼마인지는 중요하지 않다. 자신은 메이저리그에 남기로 했다"라고 엡스타인이 말한 것을 기억하고 있었다.

변호사 자격을 딴 이후에 엡스타인은 타워스에게 로펌 수준은 아니더라도 현재의 연봉이 너무 적으니 현실에 맞게 올려줄 것을 제안했다. 며칠 후에 타워스는 엡스타인에게 야구 운영 부문 국장 직위와 더불어 연봉 8만 달러를 주겠다고 제안한다. 이러한 직위와 연봉은 엡스타인의 예상보다 훨씬 더 좋은 조건이었다.

　타워스는 "엡스타인으로부터 출루율 같은 통계학에 대한 폭넓은 이해와 이를 활용해 선수의 진면목을 알아보는 안목을 배우게 되었다"고 했다. 타워스는 선수 스카우트나 라인업에 관해 엡스타인과 상의하고, 신인 선수 선발 시에도 그의 견해를 들어본 뒤 반영하는 경우가 많았다. 엡스타인이 운영 부문에 근무할 당시인 1998년에 샌디에이고 파드리스는 디비전 시리즈에서 승리했다. 더 나아가서 당시 막강 전력이던 애틀랜타 브레이브스까지 물리치고 내셔널리그 챔피언에 올랐다. 이같이 좋은 성적을 내는 데 엡스타인이 크게 기여했다는 사실은 구단 내에서는 이미 다 알려졌다. 엡스타인, 스타인버그, 루치노 3명이 파드리스가 디비전 시리즈 승리와 내셔널리그 챔피언이 되는 데 기여한 3총사로 인정되었다. 이때 루치노는 엡스타인의 능력을 인정하고, 두 사람은 볼티모어 시절보다 훨씬 더 친밀한 관계로 발전하는 계기가 되었다.

## 간절히 원하면 '꿈은 이루어진다'

엡스타인과 루치노의 인연은 이번에도 오래가지 못했다. 2001년 루치노가 샌디에이고 파드리스를 갑작스럽게 떠나게 된 것이다. 파드리스를 떠난 루치노는 보스턴 레드삭스 사장이 되었다. 보스턴 레드삭스의 존 해링턴 구단주가 구단을 팔자, 루치노는 재빠르게 스포츠 재벌인 존 헨리 John W. Henry 에게 레드삭스 구단을 인수할 것을 권유했다. 아울러 방송 재벌인 톰 워너 Tom Werner 와 공동으로 구단을 인수하는 방안을 제안했다. 결국 루치노의 권유대로 헨리와 워너가 레드삭스를 공동 운영하게 되었다.

한편 엡스타인이 샌디에이고 파드리스 프런트에서 근무하고 있던 2002년경 토론토 블루제이스 단장인 J. P. 리치아디 J. P. Ricciardi 가 엡스타인에게 관심을 보이기 시작했다. 엡스타인에게 블루제이스의 부단장직을 맡아 자신의 핵심 참모로 근무하자고 제안했다.

엡스타인은 이 제안에 대해 타워스와 밤늦도록 논의했다. 좋은 제안이었지만, 엡스타인의 마음속에는 자신이 언젠가 레드삭스 단장으로 일하는 꿈을 간직하고 있었다. 엡스타인은 리치아디에게 자신은 보스턴의 콜을 기다리고 있다면서 그의 제안을 거절했다.

그런데 놀랍게도 그해 10월 레드삭스의 루치노 사장으로부터 보스턴 레드삭스의 부단장으로 일해달라는 제의를 받았다. 당시 레드삭스는 댄 듀켓 Dan Duquette 단장이 해고된 상태여서 단장이 없는 임시 체제로 운영되고 있었다. 이런 상황에서 부단장이던 엡스타인이 사실상 단장 업무를 맡을 수 있는 좋은 기회였다. 이 소식을 전해 들은 파드리스 구단주는 엡스타인을 절대 보내고 싶지 않기에 48시간의 협상 시간을 주기로 했다. 결국 엡스타인은 그토록 갈망하던 보스턴 레드삭스 부단장으로 가기로 결심했다. 물론 루치노의 '절친'인 스타인버그도 레드삭스로 함께 가기로 되어 있었다.

2003년 시즌이 다가오자 헨리 구단주는 공석인 단장 선임을 서둘렀다. 핸리는 레드삭스를 인수한 직후 팀을 새롭게 재건rebuilding 하기로 결심했다. 그는 먼저 세이버메트릭스 창시자인 빌 제임스를 구단의 자문 위원으로 영입했다. 경험보다는 통계학적 이론에 바탕으로 둔 세이버메트릭스가 구단에 적용되길 원했다.

단장 후보로 먼저 세이버메트릭스를 적용해 저비용으로 고성과를 낸《머니볼》로 잘 알려진 오클랜드 애슬레틱스의 빌리 빈Billy Beane 단장과 접촉했다. 헨리는 빌리 빈을 만나 그때까지 단장으로서는 최고 연봉인 5년 1,250만 달러라는 파격적인 연봉을 제시했다. 하지만 빌리 빈은 장고 끝에 레드삭스행 제안을 거절하고, 오클랜드에 잔류하기로 결정했다. 다음 후보인 토론토 블루제이스의 리치아디도 결국 영입에 실패했다. 그러자 루치노 사장이 레드삭스 부단장이던 엡스타인을 적극 추천했다.

엡스타인이 가장 주목받은 측면은 '소통 능력'이었다. 그는 선수, 코치, 에이전트와 이야기를 나누는 걸 좋아했다. 엡스타인과 소통하는 사람들도 마찬가지로 대화를 즐겼다. 엡스타인의 호감적인 면이다. 래리 루치노도 엡스타인의 이런 평판을 모를 리가 없었다. 헨리는 엡스타인의 세이버메트릭스에 대한 해박한 지식을 높이 평가했다. 또한 엡스타인이 부단장으로서 실질적으로 보스턴 레드삭스를 이끈 리더십과 직원들과의 소통 능력을 높이 평가했다. 결국 헨리 구단주는 루치노가 추천한 대로 2002년 11월 25일 자로 레드삭스 부단장이던 엡스타인을 단장으로 임명했다.

엡스타인이 어린 시절부터 그토록 갈망해오던 보스턴 레드삭스 단장이 되겠다는 꿈을 이룬 것이다. 그것도 만 28세에 말이다. 28세 메이저리그 단장은 그때까지는 메이저리그 역사상 최연소 단장이었다.

그는 당시 레드삭스 주전 선수 25명 가운데 3명을 제외한 22명보다 나이가 적었다. 그만큼 엡스타인이 단장으로 선임된 것이 얼마나 파격적이었는지 알 수 있다. 그때까지 단장은 산전수전 다 겪은 40대 내지 50대 선수 출신 인물이 맡는 게 관행이었다. 존 헨리가 엡스타인을 단장으로 발탁한 이유는 명백하다. '백지수표'를 주면서까지 빌리 빈을 영입하려던 이유는, 당시 대두하던 경험보다는 통계학적 이론에 바탕을 둔 세이버메트릭스를 구단 운영에 도입하기 위해서였다. 실제로 엡스타인은 헨리가 원하는 수준의 세이버메트릭스 지식을 이미 갖추고 있었다.

샌디에이고 단장이자 엡스타인의 상사였던 케빈 타워스는 〈워싱턴포스트〉와의 인터뷰에서 《머니볼》열풍이 불기 2년 전인 2000년 엡스타인이 이미 출루율과 구장 효과를 근거로 당시 마이너리그 유격수였던 데이비드 엑스타인을 영입하라고 조언했다고 회상했다. "휴, '그 녀석이 내 귀에 대고 말한 거에 주목하기 시작해야겠는데'라고 생각했죠." 타워스의 말이다. 하지만 타워스에게 영향을 끼친 것 못지않게 엡스타인이 타워스로부터 배운 것도 많았다. 엡스타인은 타워스가 유망주를 뽑으러 돌아다닐 때마다 동행하면서 스피드건 사용법과 투수의 구질을 구별하는 방법 등 기초적인 스카우트 이론을 그로부터 빠짐없이 배웠다.

한편, 일부 언론은 엡스타인이 레드삭스 단장이 된 것을 보고 "28살 애송이를 단장manager 으로 임명했다"면서 비판적인 기사를 내보내기 시작했다.

비록 예일대를 졸업하고 변호사 자격이 있는 스펙 좋은 엘리트지만 누가 보아도 그의 능력을 믿을 수 없다는 분위기였다. 게다가 구단주까지 바뀐 상태여서 그런 분위기는 더욱 팽배했다. 이러한 비판에 대해 엡스타인의 아버지 레슬리는 "그게 뭐가 문제인가? 알렉산더대왕은 테오의 나이에 세상을 지배하는 단장manager 에 있지 않았는가"라는 말로 아들을 옹호하기도 했다.

엡스타인이 단장으로 발탁되자마자 자신의 능력을 유감없이 발휘하기 시작했다. 엡스타인은 통계를 적절히 활용할 줄 알면서 동시에 현장의 의견에도 귀를 기울일 줄 알았다. 또한 유망주 스카우트 및 육성에 큰 관심을 두었다. 때로는 팀 내 고액 연봉자를 과감히 내치기도 했고, 필요에 따라서는 대형 계약도 주저하지 않고 체결했다.

# 02 〉〉〉〉〉〉〉〉〉〉〉〉〉〉〉〉〉〉〉〉〉〉〉〉〉〉〉〉〉〉〉〉〉〉〉〉〉〉〉〉〉〉〉〉〉〉〉〉〉〉〉

## 86년 '밤비노의 저주'를 깨트리다

### 레드삭스를 세이버메트릭스로 혁신시키다

　　단장이 된 엡스타인이 이제부터 해야 할 일은 단 하나였다. 모든 사람에게 승리라는 팀의 성과를 보여주는 것이다. 그래야만 젊은 단장에 대한 의혹을 불식시킬 수 있기 때문이다. 유난히도 극성스러운 레드삭스 팬들의 마음을 사로잡을 수 있는 길은 오로지 월드 시리즈 우승밖에는 없었다. 그는 단장으로 취임하자마자 레드삭스의 문제점을 파악하기 시작했다. 부단장으로 몇 달간 근무해 팀 사정을 알고 있던 엡스타인은 냉철하게 팀의 문제를 파악하고 있었다. 그는 레드삭스의 큰 문제가 고비용 저효율의 선수 운영과 팀의 화합 분위기가 헝클어져 있는 것이라고 보았다.

　　레드삭스의 2가지 문제를 동시에 해결하기 위해 그는 과감한 트레이드를 시도했다. 고액 선수를 다른 팀으로 팔고, 그 대신 저평가되어 있으나 잠재력이 큰 선수를 영입하는 트레이드를 선택한다.

2000년부터 2002년까지 3년 연속 큰돈을 투자했는데도 전임자인 댄 듀켓 단장 시절의 성적은 신통치 못했다. 2000년에는 페이롤payroll, 선수단 전체 연봉이 30개 구단 가운데 7위, 성적이 85승 77패로 동부 지구 2위였다. 2001년에는 구단의 적극적인 투자로 페이롤이 2위였으나, 성적이 82승 79패로 전해와 같이 동부 지구 2위에 머물렀다. 오히려 승수는 전년도보다 3승이 더 떨어졌다. 2002년에는 페이롤이 2위였고, 성적이 93승 69패로 동부 지구 2위였다. 승률이 상승했으나 와일드 카드 결정전에서 애너하임 에인절스에게 패했다.

듀켓 단장은 신인 선수를 선발하는 드래프트, 트레이드와 FA자유 계약를 통해 스타급 선수들을 영입했다. 특히 마무리 투수인 데릭 로와 주전 포수 제이슨 베리텍을 영입하는 등 굵직한 선수 영입에 큰 성공을 거두었다. 그럼에도 승률이 더 떨어진 것은 영입한 선수들과 기존 선수들과의 조화로운 융합을 이루지 못했기 때문이다. 9명이 협력해야 하는 야구에서 하나의 팀으로 화합하지 못하면 시너지 효과를 발휘할 수 없는 것이다.

게다가 존 해링턴 레드삭스 구단주가 구단을 처분하고 존 헨리가 레드삭스를 인수하는 등 구단주가 바뀌는 변화도 영향을 미쳤다. 헨리 구단주는 2002년 시즌이 끝나자마자 성적 부진을 이유로 듀켓 단장을 경질하고 세이버메트릭스를 기반으로 팀을 재건한다. 그 자리에 세이버메트릭스를 잘 이해하고 있는 부단장이던 엡스타인을 단장으로 임명한 것이다.

엡스타인이 단장이 된 첫해인 2003년에 구단은 그에게 팀 재건에 관한 전권을 부여했다. 엡스타인은 팀 재건을 위해 자신이 구상한 대로 선수들을 데려오기 시작했다. 엡스타인은 무엇보다도 팀에 팽배해 있는 패배주의를 청산하고 팀의 화합을 해치는 요인을 과감하게 제거한다. 그는 세이버메트릭스를 기반으로 새로운 선수들을 영입하기 시작했다. 케빈 밀라, 빌 뮬러, 토드 워커 등을 영입한다. 지명타자 자리는 오클랜드 출신의 출루 머신 제레미 지암비를 영입한다.

2003년 시즌에 레드삭스의 페이롤은 6위로 약간 떨어졌으나, 성적은 95승 67패로 전년과 같이 동부 지구 2위였다. 하지만 전년도보다 2승을 더 거둔 성적이었다. 그리고 와일드 카드전에서 승리하고 플레이오프에 진출했다. 엡스타인이 단장이 되기 이전인 3년 동안 레드삭스는 단 한 번도 포스트시즌에 진출하지 못했다. 그러다가 엡스타인이 단장이 된 첫해에 플레이오프에 진출한 것이다. 3전 2선승제로 치러지는 디비전 시리즈에서 오클랜드 애슬레틱스에게 2패를 당한 뒤 3연승하는 '리버스 스윕'reverse sweep으로 챔피언 시리즈에 진출했다. 챔피언 시리즈에서는 같은 동부 지구 라이벌인 뉴욕 양키스를 만났다. 양키스와 7차전까지 가는 접전 끝에 에이스인 페드로 마르티네스가 호르헤 포사다에게 8회에 동점 2루타를 맞았고, 팀 웨이크필드가 애런 분에게 연장전 끝내기 홈런을 맞고 눈물을 삼켜야 했다.

엡스타인이 단장으로 부임한 첫해인 2003년에 공격력은 크게 향상되었다. 2003년 1월경 페드로 마르티네스가 다른 팀에서 '논 텐더'구단이 선수와 다음 시즌 재계약을 포기하는 것로 풀린 고향 친구인 데이비드 오티스를 추천해 그를 영입했다. 몸무게가 많이 나가 뚱뚱하고 수비가 약한 점 때문에 모두 그를 저평가했지만 엡스타인은 달랐다. 비록 부상이 잦고 수비가 약하다고 해도 왼손타자로서 20홈런, 75개의 장타를 때려낸 그의 타격을 높이 평가했다. 엡스타인은 오티스와 125만 달러에 1년 계약을 체결했다. 그런데 오티스는 엡스타인의 예상대로 2003년에 큰 활약을 했다. 그는 1루수로서 31홈런, 101개 장타와 0.369 타율을 기록했다. 타선 새판 짜기로 영입한 선수들은 제레미 지암비를 제외하고는 대부분 성공적이었다. 여기에 기존의 매니 라미네즈와 노마 가르시아파라는 말할 것도 없고 제이슨 베리텍과 트롯 닉슨까지 터지면서 팀 타율이 0.491로 신기록을 달성했다. 또한 9명 주전 선수 전원이 10홈런 이상을 쳤고, 리드오프인 자니 데이먼을 제외한 8명 전원이 85타점 이상의 높은 성적을 거두었다.

반면 투수진은 2002년 시즌보다 부진했다. 특히 시즌 초반 세이버메트릭스 창시자인 빌 제임스의 이론을 기초로 한 집단 마무리 체제를 실험했는데 그 결과가 신통치 못했다. 집단 마무리 체제는 불펜 투수는 누구든지 언제든지 경기에 나와서 중간 계투나 마무리 역할을 수행해야 한다는 것이다. 즉 마무리 투수를 특별히 두는 것을 반대했다. 그런 이유로 엡스타인은 2002년에 40세이브, 방어율 3.00, 60이닝 동안 71스트라이크를 잡은 마무리 우게스 어비나를 방출했다. 하지만 이런 불펜 운영 실험은 결국 실패로 끝나면서 혼란만 더했다. 이때 2001년 애리조나 다이아몬드백스의 월드시리즈 우승 주역인 김병현을 트레이드해온다. 2003년 시즌을 마치자마자 엡스타인은 그래디 리틀 감독을 경질하고, 필라델피아 필리스 감독을 역임하고 오클랜드 애슬레틱스 코치로 있던 테리 프랑코나 감독을 영입했다. 프랑코나 감독은 세이버메트릭스의 명단장 빌리 빈 단장이 이끄는 오클랜드 애슬레틱스 코치였다.

## 저주 파괴의 마지막 퍼즐 조각은 '팀 융합'이다

　　엡스타인이 단장으로서 처음 한 일은, 레드삭스에서 스타 선수 중심의 '개인주의 플레이'를 '팀 우선'으로 전환한 것이다. 그 방법으로는 경험이 많은 선임 선수를 중심으로 팀 화합을 하도록 했다. 그리고 2003년 시즌을 마치고 공격력보다는 투수 보강에 집중했다.

　　우선 애리조나로부터 커트 실링을 영입했다. 커트 실링은 2001년 22승 6패<sup>방어율 2.98</sup>로 애리조나 다이아몬드백스를 월드 시리즈 우승으로 이끌었고 최우수 선수<sup>MVP</sup>에 뽑혔다. 그러나 2003년에는 오른팔 골절상으로 8승 9패<sup>방어율 2.95</sup>에 불과했다. 하지만 엡스타인은 월드 시리즈 경험이 있는 커트 실링과 4년 계약을 맺었다. 또한 2003년 아메리칸리그 구원 투수상을 받고, 자유 계약<sup>FA</sup> 선수로 풀린 오클랜드 애슬레틱스의 키스 폴크를 영입했다. 마이너리그에서 복귀한 브론슨 아로요가 선발로 활약하기 시작하면서 선발 투수와 구원 투수가 진용을 갖추기 시작했다.

　　2004년 시즌은 개막전에서 라이벌 양키스를 물리치는 등 순조롭게 출발했다. 전반기까지는 58승 39패로 동부 지구 1위를 달렸다. 2004년에 트레이드의 하이라이트는 단연 트레이드 마감 시한인 7월 31일 자로 레드삭스의 상징과도 같았던 노마 가르시아파라를 시카고 컵스에 매각한 것이다. 그는 1994년부터 10년간 레드삭스의 간판 유격수로 활약했고 미국 여자 축구계의 스타 미아 햄의 남편이기도 했다. 그는 팬들이 가장 좋아하는 레드삭스의 대표적인 프랜차이즈 선수였다. 엡스타인은 노마를 시카고 컵스에 주고 그 대신 몬트리올 엑스포스<sup>현 워싱턴 내셔널스</sup>로부터 골든 글러브 수상자인 유격수 올랜도 카브레라와 미네소타 트윈스 1루수인 더크 민트키비츠를 함께 영입했다. 당시의 트레이드는 보스턴 레드삭스, 시카고 컵스, 몬트리올 엑스포스, 미네소타 트윈스 4팀이 동시에 트레이드에 참여한 4각 트레이드로 유명했다. 시즌 중에 노마를 방출하자 레드삭스 팬들의 반발은 상당했다. 하지만 후반기에 팀 성적이 무섭게 상승세를 이어가자 반발은 수그러들었다. 2004년 시즌에는 98승 64패로, 동부 지구 1위인 양키스 다음으로 2위였으나 전년도보다 3승을 더한 좋은 성적이었다. 와일드 카드 결정전을 통해 포스트시즌에 무난히 진출했다.

아메리칸리그 동부 지구에는 뉴욕 양키스, 보스턴 레드삭스, 볼티모어 오리올스, 탬파베이 레이스, 토론토 블루제이스 등 5팀이 속해 있다. 양키스도 엡스타인보다 3살 많은 브라이언 캐시먼이 1998년부터 단장으로 있으면서 2000년부터 2006년까지 7년 연속 지구 우승을 했다. 그도 선수 경험이 없이 통계 자료를 기반으로 한 세이버메트릭션이다. 2004년에도 양키스는 101승 61패로 지구 1위를 차지했다. 레드삭스는 98승을 거두었음에도 지구 2위로 와일드 카드 결정전을 통해서야 포스트시즌에 진출할 수 있었다. 레드삭스는 디비전 시리즈에서 애너하임 에인절스를 3연승으로 물리치고 챔피언 시리즈에 진출했다. 챔피언 시리즈에서는 숙명의 라이벌 양키스와 피할 수 없는 일전이 기다리고 있었다. 레드삭스와 양키스는 2년 연속 챔피언 시리즈에서 맞붙게 된 것이다. 엡스타인은 지난해 챔피언 시리즈에서 양키스에게 당했던 패배를 복수하기 위해 절치부심해왔다.

2004년 10월 12일부터 20일까지 치러진 챔피언 시리즈는 뉴욕 양키스 홈구장에서 4번, 보스턴 펜웨이 파크에서 3번 모두 7차전으로 치러졌다. 1~3차전은 모두 양키스가 승리했다. 보스턴으로서는 지난해 악몽이 되살

아나는 치욕적인 3연패였다. 그것도 라이벌 양키스에게 3연패를 당했다는 것은 도저히 참을 수 없는 일이었다. 레드삭스 팬들은 베이브 루스를 양키스로 팔아서 생긴 '밤비노의 저주'를 떠올리면서 좌절감이 몇 배가 되었다. 양키스는 마이크 무시나, 존 리버, 케빈 브라운 같은 막강한 선발 투수와 마리아노 리베라라는 막강한 마무리 투수가 버티고 있었다. 양키스는 1승만 더하면 월드 시리즈에 진출하고, 레드삭스는 4연승을 해야만 월드 시리즈에 진출하는 것이다.

단기적으로 치러지는 플레이오프에서는 첫 경기를 승리한 팀이 이길 확률이 매우 높다. 하물며 4선승제로 치러진 단기전에서 3연승을 한 팀이 패배하고, 3연패를 당했던 팀이 4연승으로 시리즈 승리를 거둔 팀은 그때까지 단 한 팀도 없었다. 그런데 기적과 같은 일이 벌어졌다. 레드삭스가 3연패 후에 내리 4연승을 거두면서 월드 시리즈에 진출한 것이다. 3연패로 지던 팀이 내리 4연승으로 월드 시리즈에 진출한 것은 메이저리그 역사상 레드삭스가 처음이었다. 그것도 숙명의 라이벌인 양키스를 물리쳤다는 것은 꿈같은 일이었다. 레드삭스 팬 입장에서는 평생을 두고 떠올려도 좋은 한 편의 드라마와 같은 경기였다. 챔피언 시리즈에서는 2003년 영입한 데이비드 오티스가 2번의 끝내기를 기록하며 챔피언 시리즈 최우수 선수 MVP 로 선정되었다. 몸이 뚱뚱해서 1루 수비도 잘 안 되는 오티스가 레드삭스 우승에 크게 기여한 것이다.

월드 시리즈에서도 레드삭스의 기세는 누구도 막을 수 없을 정도였다. 단장이 된 지 2년 만에 레드삭스를 월드 시리즈에 진출시킨 엡스타인은 13살 때인 1986년 뉴욕 퀸스 셰이 스타디움에서 치러진 월드 시리즈 6차전을 잊을 수가 없다. 뉴욕 메츠를 상대로 한 월드 시리즈에서 보스턴 레드삭스는 3승 2패로 앞섰다. 6차전은 연장까지 가는 접전을 펼쳤으나 10회 초 2점을 낸 레드삭스가 5:3으로 앞서 나갔다. 그러나 레드삭스는 2아웃을 잡아놓은 상태에서 연속 안타를 맞으면서 메츠에게 결국 10회 말에 3실점을 해서 5:6으로 패했다. 마지막 7차전도 패하면서 월드 시리즈 우승에 실패했다. 엡스타인은 절대 긴장을 끈을 놓지 말고 마지막 순간까지 집중해야 한다고 다짐했다. 월드 시리즈 상대는 내셔널리그 챔피언에 오른 세인트루이스 카디널스였다.

카디널스는 정규 시즌에서 105승을 거두어 전체 30개 팀 중에 승률이 1위인 막강한 팀이었다. 하지만 105승을 거둔 카디널스도 양키스를 '리버스 스윕'으로 꺾고 올라온 레드삭스 기세 앞에서는 제대로 힘을 쏠 수 없었다. 엡스타인은 월드 시리즈 같은 단기전에서는 작은 실수 하나가 경기를 망칠 수 있음을 누구보다도 잘 알고 있었기에 매 경기 집중력을 더 쏠 것을 선수단에 강조했다. 결국 레드삭스는 엡스타인의 바람대로 세인트루이스를 4연승으로 물리치고 월드 시리즈 우승컵을 거머쥐었다.

레드삭스는 마침내 1918년 우승한 이후 86년 만에 월드 시리즈에서 우승했다. 86년 동안 레드삭스를 괴롭혀온 '밤비노의 저주'를 파괴한 것이다. 매니 라미레즈, 커트 실링, 페드로 마르테네스와 같은 스타 선수들과 엡스타인이 세이버메트릭스의 이론을 살려 영입한 선수들이 주도한 우승이었다. 또한 2003년에는 주로 타자들을 영입해 타율을 높이고, 2004년에는 투수를 집중적으로 보강한 전략이 딱 맞아떨어진 것이다.

## 우승 이후 찾아온 '위기'

　　'밤비노의 저주'를 깨고 월드 시리즈 우승을 한 이후 바로 위기가 찾아왔다. 2004년 시즌이 끝난 후 월드 시리즈 우승의 주역인 페드로 마르티네스, 데릭 로, 올랜도 카브레라 등이 자유 계약<sup>FA</sup> 선수로 풀려 모두 레드삭스를 떠났다. 선수 입장에서는 월드 시리즈 우승을 계기로 자신의 몸값이 올랐을 때 고액의 장기 계약을 원했다. 하지만 엡스타인은 "어떤 선수와도 4년 이상의 장기 계약을 맺지 않는다"라는 원칙을 고수했다. 세이버메트릭스에 기반한 선수 운영을 하는 엡스타인으로서는 장기 계약이 큰 부담이 될 수밖에 없다. 장기 계약 이후에는 트레이드가 제한되기 때문이다. 우승에 기여한 레드삭스의 상징과도 같은 페드로 마르티네스에게도 2년 단기 계약을 제시하자 그는 레드삭스를 떠나 뉴욕 메츠로 갔다. 엡스타인은 마르티네스의 공백을 매우기 위해 조시 베켓을 영입했다. 베켓은 2003년 플로리다 말린스가 뉴욕 양키스를 꺾고 월드 시리즈에서 우승할 때 그 우승을 이끌었다. 그는 월드 시리즈 최우수 선수가 되었다. 우승 이후 떠난 선수들의 자리에 데이비스 웰스, 메트 클레멘트, 에드거 렌테리아 등을 영입했다. 그러나 비싼 돈을 받고 레드삭스로 온 3명의 선수는 모두 고액에 계약한 뒤 초라한 성적을 내는 '먹튀'로 전락했다.

　2005년에는 레드삭스의 페이롤은 2위였고, 95승 67패로 동부 지부 2위로 플레이오프에 진출했다. 하지만 디비전 시리즈에서 시카고 화이트삭스에게 3연패를 당한다. 성적이 나빠지자 지난해의 우승이 운으로 된 것 아니냐는 비난이 생기기 시작했다. 팬들의 마음은 성적에 따라 냉온탕을 오가는 것이 속성이다. 게다가 엡스타인과 그를 단장으로 만들어준 래리 루치노 사장과의 관계도 나빠지기 시작했다. 루치노가 선수단 운영에 본격적으로 관여하면서 엡스타인과의 갈등이 시작되었던 것이다. 루치노가 엡스타인을 단장으로 임명한 것이 결국 자신이 단장의 업무도 관여하려 하는 것 아니냐는 우려가 현실이 되었다.

결국 2005년 10월 31일에 엡스타인은 쉬고 싶다는 말과 함께 갑자기 사의를 표명했다. 구단은 충격에 휩싸였다. 86년의 저주를 깬 젊은 단장이 사임한다는 것이 구단에게는 큰 충격이 아닐 수 없었다. 언론에서는 그동안 보이지 않는 내부의 암투가 있다는 식으로 보도되기 시작했다. 그러자 엡스타인은 언론에 자신이 쓴 글을 전달한다.

"먼저 내게 지난 3년간 레드삭스 단장의 기회를 주신 존 헨리, 톰 워너, 래리 루치노에게 감사를 표한다. 단장으로 근무하는 동안 나는 온 마음을 다해 일해왔다. 그러나 오늘 이 같은 결정을 내린 것은 더 이상 그런 마음으로 일할 수 없다는 것을 알았기 때문이다. 결국 오늘의 결정은 내 개인을 위한 것이 아니라 레드삭스를 위한 것이다."

구단이 엡스타인에게 3년간 총 450만 달러를 지급한다는 연봉 조건을 제시했지만 그는 단호하게 거절했다. 3년간 450만 달러는 연간 150만 달러로, 3년 전 구단에서 빌리 빈에게 제시한 5년 1,250만 달러의 연간 250만 달러보다 100만 달러나 적은 금액이다. 3년 동안 빌리 빈은 한 번도 월드 시리즈 우승을 못한 데 비해 자신은 월드 시리즈 우승을 했는데도 대우를 해주지 않는 점에서도 섭섭했던 것이다. 게다가 자신을 단장으로 추천한 래리 루치노 사장이 선수를 영입하는 일까지 관여하려고 했다. 엡스타인으로서는 단장 영역까지 관여하는 것을 참을 수가 없었던 것이다. 엡스타인이 볼티모어 오리올스 인턴 직원일 때 루치노는 사장이었고, 샌디에이고 파드리스에서 근무할 때에도 그는 사장이었다. 그렇기 때문에 루치노가 엡스타인을 가볍게 여기는 것은 어쩌면 너무도 당연한 일인지 몰랐다.

엡스타인은 구단의 설득에도 쉽게 물러서지 않았다. 보스턴 레드삭스는 더 나은 대우를 약속하며 연봉 상향 의사를 내비쳤다. 사임의 원인이 되었던 래리 루치노 사장과의 관계도 회복되면서 엡스타인은 2006년 1월에 3개월 만에 단장 겸 부사장으로서 레드삭스로 돌아왔다. 2005년 드래프트에서는 클레이 벅홀츠, 제이코비 엘스버리, 제드 라우리를 지명한 것이 최고의 성공작이 되었다. 그러나 2006년 성적도 좋지 않았다.

구단에서는 역사상 최초로 1억 달러 이상의 페이롤을 지급하면서도 포스트시즌에 진출하지 못한 팀이라는 오명을 남겼다. 그 이유는 2005년과 같았다. 7000만 달러를 들인 J. D. 드류, 5,200만 달러를 들인 일본인 투수 마쓰자카 다이스케 등 거금을 지불하고 영입한 선수들의 성적이 신통치 않았기 때문이다.

거액을 준 FA 선수 영입 실패는 지금까지도 엡스타인의 약점으로 지목되고 있다. J. D. 드류, 마쓰자카 다이스케 이후에도 투수 존 래키, 외야수 칼 크로포드, 1루수 아드리안 곤잘레스 등에게 수억 달러의 돈을 투자했지만 이들의 성적은 모두 신통치 못했다.

엡스타인은 조직화되지 못한 채 얻은 성과는 마치 거품처럼 흔적도 남기지 않고 사라져버린다는 사실을 절실히 깨달았다.

## '유망주 육성'(farm system)으로 차지한 2번째 월드 시리즈 우승

위기는 또 다른 기회다. 엡스타인은 2004년 월드 시리즈 우승 이후 찾아온 성적 부진을 강력한 팜farm 으로 돌파했다. 레드삭스 소속 마이너 리그나 트리플 A 리그 소속 팀 선수들을 적극 육성하고 이들을 1군 무대인 메이저리그에 속속 데뷔시킨 것이다. 레드삭스는 2000년부터 2005까지 6년 동안 아메리칸리그 동부 지구 2위를 차지했다. 겉으로 드러난 성적은 이 기간에 줄곧 리그 1위를 차지한 양키스 다음이었다. 결국 레드삭스는 와일드 카드 결정전을 통해야만 포스트시즌에 오를 수 있었다. 하지만 팜 랭킹을 보면 같은 2위라 하더라도 내용은 전혀 다름을 알 수 있다. 레드삭스의 유망 선수 양성 팜 랭킹을 살펴보면, 엡스타인이 단장이 된 이후 얼마나 팜 시스템에 집중했는지 쉽게 알 수 있을 것이다. 엡스타인이 단장이 되기 이전의 팜 랭킹은 2000년은 24위, 2001년은 28위, 2002년은 27위였다. 반면에 엡스타인이 단장이 된 이후인 2003년은 23위, 2004년은 21위로 올라갔다. 엡스타인은 2004년 월드 시리즈 우승을 한 이후에는 팜 시스템을 더욱 강화했다.

2005년 8위, 2006년 9위였고, 2007년에는 2위까지 올라갔다. 2004년 이후 수직 상승한 팜 랭킹 덕분에 레드삭스는 2007년 월드 시리즈에서 우승을 차지한다. 엡스타인이 가능성 있는 선수를 육성하는 팜 시스템에 얼마나 집중했는지 잘 알 수 있다.

2007년 시즌은 96승 66패의 성적으로 리그 1위를 차지했다. 엡스타인이 만들어낸 강력한 팜으로 2007년에는 레드삭스가 두 번째 월드 시리즈 우승을 이루었다. 2004년 월드 시리즈 우승 때에는 팜 시스템으로 육성한 선수는 우익수 트롯 닉슨밖에 없었다. 하지만 2007년에는 레드삭스 팜 시스템 출신 선수로는 2루수 더스틴 페드로이아, 3루수 케빈 유클리스, 마무리 투수 조너선 파벨본 등이 있었다. 이들은 시즌 내내 크게 활약하고 월드 시리즈 우승의 주역이 되었다. 중견수 제이코비 엘스버리와 투수 클레이 벅홀츠 등은 시즌 후반 마이너리그에서 메이저리그로 올라와 팀에 큰 활력을 불어넣었다. 특히 엘스버리는 홈런왕 매니 라미레즈가 부상으로 빠져나간 9월에 그의 공백을 훌륭하게 메웠고, 플레이오프 때는 주전 중견수로 눈부신 활약을 했다.

　결국 레드삭스는 콜로라도 로키스를 꺾고 두 번째 월드 시리즈 우승을 했다. 이제는 '페디'라는 애칭으로 더 유명한 더스틴 페드로이아야말로 엡스타인이 발굴한 스타였다. 페드로이아는 키가 172.7cm, 체중이 74.8kg 정도로 메이저리거 치고는 체구가 왜소한 편이어서 많은 스카우터들이 그의 능력을 낮게 평가했다. 하지만 엡스타인은 그의 숨겨진 잠재력을 정확하게 보았다. 엡스타인은 그의 수비력이 뛰어나고 타격에 잠재력이 있음을 보고 신인 드래프트에서 상위 순번으로 지명했다. 페드로이아를 마이너리그에서 메이저리그로 데뷔시킨 후에도 성적에 관계없이 꾸준히 기용하라고 감독에게 종용했다. 페드로이아는 엡스타인의 기대대로 2007년 주전 2루수로서 3할대 이상의 타율을 유지했고, 레드삭스가 월드 시리즈에서 우승하는 데 크게 기여했다. 페드로이아는 2008년에는 아메리칸리그 전체 최우수 선수MVP로 선정되었다. 그는 자신의 잠재력을 알아본 엡스타인을 만나서 크게 성장한 사례다.

## 장기 침체와 갈등 그리고 아름다운 이별

2007년 우승 뒤에는 또다시 위기가 찾아왔다. 2008년에는 95승 67패로 지구 2위였다. 디비전 시리즈에서는 LA 에인절스를 3승1패로 꺾고 챔피언 시리즈에 진출했다. 문제는 챔피언 시리즈였다. 탬파베이 레이스와의 경기였는데 7차전까지 가는 접전 끝에 3승 4패로 충격적인 역전패를 당했다.

2009년에도 95승 67패로 지구 2위였다. 디비전 시리즈에서 LA 에인절스에게 3연패를 당했다. 타선의 노쇠화와 강력한 선발 투수의 부재를 보완하기 위해 레드삭스는 시애틀 매리너스의 펠릭스 에르난데스를 영입하려다가 실패했다. 타자로는 샌디에이고 파드리스의 강타자인 아드리안 곤잘레스를 영입하려다가 실패하고, LA 에인절스 에이스였던 존 래키를 영입한다.

2010년에는 아드리안 벨트레, 마이크 캐머런, 제레미 허미다를 중심으로 시즌을 맞았으나 성적이 신통치 못했다. 2007년 아메리칸리그 챔피언십 최우수 선수로 선정된 조시 베켓도 부상을 당해 큰 활약을 못했다. 거액을 주고 야심차게 영입한 일본인 투수 마쓰자카 다이스케 역시 기대치에 못 미쳤다. 결국 2010년과 2011년에는 연속해서 포스트시즌 진출에 실패했다. 2007년 월드 시리즈 우승 이후 4년 연속해서 성적이 부진하자 래리 루치노 사장과의 불화가 다시 불거져 나왔다. 엡스타인에게 루치노는 진정한 멘토였을까?

루치노는 자신이 엡스타인의 멘토라고 생각할지 모르지만 엡스타인의 생각은 어떨까? 아마도 엡스타인은 루치노를 진정한 멘토로 여기지는 않았을 것이다. 멘티가 불러줄 때 비로소 멘토가 되는 것이라는 필자의 생각으로는 엡스타인은 루치노를 업무상 협력자로 생각했을 것이다.


## 언덕을 오르려면 강을 건널 때 타고 온 뗏목을 버려야 한다

사벌등안捨筏登岸 ….

언덕을 오르려면 강을 건너기 위해 정성스럽게 만든 뗏목이더라도 버려야 한다. 그 뗏목이 아깝다고 뗏목을 들고 언덕을 오를 수는 없기 때문이다.

2007년 월드 시리즈 우승 이후 계속된 성적 부진은 선수는 물론이고 팀 운영진 간의 갈등을 불러왔다. 팀 성적이 좋으면 웬만한 갈등 요인이 다 묻히지만, 실적이 부진하면 쌓였던 갈등이 수면 위로 떠오르는 법이다. 레드삭스도 마찬가지였다. 특히 엡스타인을 인턴 직원 때부터 이끌었다고 자부하는 루치노 사장과의 갈등은 더욱 두드러졌다. 엡스타인은 결국 고향 팀인 레드삭스를 떠나게 된다. 2011년 9월 한 달 동안 레드삭스에게는 악몽과도 같은 일이 벌어졌다. 9월 한 달 동안 7승 20패라는 초라한 성적과 무엇보다도 정규 시즌 마지막 경기에서 볼티모어 오리올스에게 패해 와일드 카드 진출마저 좌절된 것이다.

2011년 10월 23일 자 일간지 〈보스턴글로브〉 스포츠 면에는 눈에 띄는 전면 광고가 게재되었다. 엡스타인이 자비로 레드삭스를 떠난다는 사실을 공식적으로 알린 것이다. 광고 내용은 "10년 동안 2번의 월드 시리즈 우승,

셀 수 없을 만큼 많은 추억, 감사합니다"라는 내용이었다. 레드삭스 단장이 던 엡스타인이 구단과 팬들에게 감사한 마음을 표시하고 자신이 레드삭스를 떠난다는 사실을 알린 것이다. 2004년과 2007년 보스턴 레드삭스에게 월드 시리즈 우승컵을 안겼던 테리 프랑코나 감독 또한 경질되었다. 프랑코나는 2년 연속 플레이오프 진출 실패와 팀 융합을 이루지 못했다는 이유로 경질되었다.

분명한 점은, 그가 레드삭스에 있는 동안에 성적이 탁월했다는 것이다. 프랑코나 감독은 자서전인《프랑코나, 레드삭스에서의 나날들》에서 "보스턴 구단 수뇌부는 성적 등 야구의 본질과 거리가 먼 이미지에 치중해 팀을 운영하려 했다"고 비판했다. 존 헨리 구단주, 톰 워너 회장, 래리 루치노 사장 등 보스턴 구단 운영진은 오로지 '섹시한 이미지'에 초점을 맞춰 선수를 보강하길 원했다고 한다. 그는 구단주들이 성적이 좋아지면 여성 팬들의 주목을 받는 잘생기고 섹시한 선수 영입에 혈안이 되었다고 비판했다. 프랑코나는 엡스타인과 함께 8시즌 동안 744승 522패의 성적을 거둬 승률이 0.574이었고 포스트시즌에 4회 진출시켰다. 그의 후임으로 바비 발렌타인 감독이 선임되었지만 그도 1년 만에 성적 부진의 이유로 경질되었다. 실적이 부진할 경우에는 팀 분위기를 일신한다는 명목으로 단장과 감독을 교체하는 것이 메이저리그 구단의 속성이다.

아마도 구단 경영진이 우승 이후에는 팀의 이미지를 통한 마케팅에 더 주력했음을 짐작할 수 있다. 엡스타인은 2007년 2번째 월드 시리즈 우승 이후 팀 성적 하락과 특히 2011년 성적 부진과 래리 루치노와의 갈등이 원인이 되어 계약이 1년이 남은 상태에서 레드삭스를 떠난다.

# 03 »»»»»»»»»»»»»»»»»»»»»»»»»»»»»»»»»»»»»»»»»»»»»»»»»»»»»»»»»»

## 108년 '염소의 저주'를 깨트리다

### 새로운 도전

엡스타인은 보스턴 레드삭스 단장으로서 10년간 2회 월드 시리즈 우승과 4회 리그 챔피언 달성이라는 성과를 달성했다. 하지만 그로서는 아쉬운 점이 가슴속 깊이 남아 있었다. 첫째는 3명의 구단주가 구단을 공동 경영하는 점과 자신을 잘 아는 루치노 사장의 지나친 간섭이었다. 레드삭스의 구단주는 존 헨리, 톰 워너, 래리 루치노 3명이었다. 특히 래리 루치노는 사장<sup>CEO</sup>을 겸했고, 엡스타인의 인턴 시절부터 함께 근무한 사이였다. 그러다 보니 실적이 좋은 때에는 문제가 없지만 실적이 나빠지면 루치노는 엡스타인의 업무 영역까지 쉽게 관여하는 경향이 있었다. 그로 인해 엡스타인은 자신의 소신대로 업무를 추진하지 못한 것이다.

둘째는 월드 시리즈에서 우승한 후에는 한동안 침체기를 겪었던 쓰라린 경험이다. 레드삭스에서 2번째 월드 시리즈 우승을 이룬 후에는 팀 전력을 지속적으로 발전·유지시키는 일이 중요함을 새삼 알게 되었다. 그는 팀 성적의 지속적인 성장의 비결은, 좋은 선수는 장기간 팀과 함께 가야 한다는 것임을 깨달았다. 그러나 레드삭스에서는 누구든지 4년 이상의 장기 계약을 체결하지 않는 것을 원칙으로 했다. 장기 계약에 따른 위험과 사장이나 구단주 등의 기대를 채우는 일이 부담이 아닐 수 없기 때문이다. 하지만 팀을 이끌어가는 데 꼭 필요한 선수는 장기 계약을 할 필요가 있었다. 팀에 적응해 오랫동안 기여하는 것이 중요하기 때문이다. 전력에 꼭 필요한 주력 선수는 장기 계약으로 확보하고, 신인 선수는 드래프트나 팜 시스템을 통해 육성해 이들이 자유 계약<sup>FA</sup> 선수가 되는 6년 동안은 활약할 수 있도록 하는 것이 효율적인 선수 활용임을 안 것이다.

2010년 톰 리케츠가 8억 7,500만 달러에 시카고 컵스 구단을 인수했다. 그는 당시 고비용 저효율 팀이던 컵스를 새롭게 바꾸려고 했다. 우선 구단을 인수하자마자 통계학 전문가 아리 캐플란<sup>Ari Kaplan</sup> 을 고문으로 채용했다. 그만큼 리케츠는 야구에서 데이터 분석의 중요성을 인식하고 있었다. 따라서 리케츠는 통계 자료의 분석을 기반으로 한 세이버메트릭션을 통해 컵스의 문제를 풀어보려는 의지가 강했다.

2011년 시즌이 마무리될 무렵, 레드삭스 단장이던 엡스타인이 사장인 래리 루치노와의 불화가 있다는 소문이 들리자 리케츠는 엡스타인에게 관심을 갖는다. 엡스타인과 함께 하던 테리 프랑코나 감독이 사임하는 등 보스턴 레드삭스의 변화가 보이기 시작했다. 시카고 컵스에서는 엡스타인을 영입하려는 시도가 구체화되었다. 당시 컵스 단장인 짐 헨드리는 컴퓨터 분석을 싫어해서 그의 경질이 예상되었다. 리케츠는 엡스타인 이외에도 탬파베이 레이스의 앤드류 프리드먼 단장, 뉴욕 양키스의 브라이언 캐시먼 단장, 오클랜드 애슬레틱스의 빌리 빈 단장 등 모두 4명에 관심을 가졌다. 이들 외에도 애리조나 다이아몬드백스의 조시 번즈 단장, 전 LA 다저스 단장인 댄 에반스, 시카고 화이트삭스의 부단장인 리치 한 등에 대해서도 알아보았다.

컵스 구단은 2011년 8월에 짐 헨드리 단장 해고를 공식적으로 발표하면서 단장 선임 절차가 본격화되었다. 언론에서는 탬파베이 레이스 단장이던 앤드류 프리드먼을 주목하기 시작했다. 그는 더 적은 실수를 했고, 페이롤이 적은 탬파베이 레이스를 월드 시리즈까지 진출시키는 등 높은 성과도 냈기 때문이다. 그렇지만 리케츠는 86년간 레드삭스를 괴롭혀온 '밤비노의 저주'를 깨트린 엡스타인에게 더 관심을 갖고 있었다. 당시 시카고 컵스도 103년 동안이나 월드 시리즈 우승을 하지 못하게 방해한 '염소의 저주'에 시달리고 있었기 때문이다.

2011년 10월 9일 엡스타인이 리글리 필드에서 그리 멀리 떨어지지 않은 레이크뷰Lakeview에 있는 스타벅스에서 누군가와 대화하는 것이 한 주민에게 목격되었다. 그때부터 엡스타인이 컵스와의 인터뷰에 응했다는 소문이 나돌기 시작했다. 미국인들의 야구에 대한 관심과 엡스타인이 사람들에게 널리 알려져 있음을 알 수 있다. 2011년 10월 13일, 엡스타인은 시카고 컵스 사장으로 1,850만 달러에 5년 계약을 체결했다.

이때부터 단장이 아닌 사장으로 자신에게 더 많은 권한을 준 시카고 컵스에서 엡스타인의 진가는 더욱 빛을 발하기 시작했다. 엡스타인이 부임할 당시 컵스는 오랜 시간 동안 지긋지긋한 패배주의에 찌들어 있었다. 1908년 이후 한 번도 월드 시리즈에서 우승하지 못했다. 야구를 위해 태어난다는 시카고 사람들은 그 이유를 '염소의 저주'에서 찾았다. 그 외에도 '검은 고양이의 저주', '바트만의 저주' 등 컵스에는 마치 저주를 종합 선물 세트로 담아둔 것처럼 패배주의가 만연해 있었다. 하지만 엡스타인은 컵스가 100년 넘게 월드 시리즈 우승을 하지 못한 근본 원인을 '실력'과 '노력 부족'에서 찾았다. 더불어 낙후된 구장 시설, 처치 불가 수준인 '먹튀'들, 초토화된 팜 시스템이 원인이라고 보았다. 컵스 구단을 인수한 리케츠는 엡스타인이 '집착'이라고 표현할 만큼 가장 작은 부분에서조차 완벽을 추구하는 열정을 지녔다는 점을 잘 알고 있었다. 그래서 그는 엡스타인에게 엄청난 연봉과 함께 팀 재건에 관한 전권을 부여했던 것이다. 그는 컵스에게 '염소의 저주'를 파괴하고 월드 시리즈 우승 트로피를 안길 적임자는 엡스타인이라고 믿었다. 엡스타인이 가망이 없는 컵스로 가면 그동안 보스턴 레드삭스에서 쌓아온 커리어가 한순간에 무너질 수 있다는 우려가 쏟아졌지만 그는 아랑곳하지 않고 컵스 사장이 되었다.

엡스타인은 컵스 야구 운영 부문 사장이 되자마자 샌디에이고 파드리스우의 제드 호이어 단장을 컵스의 새 단장으로 영입했다. 호이어는 엡스타인이 단장으로 근무하던 보스턴 레드삭스에서 단장 보좌역으로 함께 근무했다. 레드삭스에 혼란이 있던 2009년 10월에 샌디에이고 파드리스 단장으로 갔다가 엡스타인의 콜을 받고 5년 계약으로 컵스로 합류한 것이다. 호이어는 엡스타인과 동년배로 엡스타인이 졸업한 예일대와 같은 코네티컷 주에 있는 웨슬리언 대학교를 졸업한 세이버메트릭션이다.

## 팜 시스템으로 컵스를 혁신시키다

엡스타인이 부임하기 전부터 컵스는 내셔널리그 중부 지구 최하위에 머물러 있었다. 팀 재건 rebuilding 의 전권을 부여받은 엡스타인은 호이어 단장과 함께 본격적으로 팀 재건에 착수했다. 팀 재건이란 그야말로 기존의 체제를 다 부수고 처음부터 다시 팀을 설계하고 세워가는 것이다. 컵스가 속한 내셔널리그 중부 지구에는 시카고 컵스, 세인트루이스 카디널스, 피츠버그 파이리츠, 밀워키 브루어스, 신시내티 레즈가 속해 있다. 엡스타인이 사장으로 부임하기 이전에는 컵스는 그야말로 많은 돈을 투자했음에도 불구하고 성적은 꼴찌에 머물러 있는 고비용 저효율 팀이었다.

2009년에 페이롤이 3위였고, 성적은 83승 78패로 지구 2위였으나, 포스트시즌 진출에는 실패했다. 2010년에 페이롤이 3위였으나 75승 87패로 지구 5위였다. 2011년에도 페이롤이 6위였으나 성적은 71승 91패로 역시 지구 5위였다. 엡스타인이 사장으로 부임하면서 컵스는 선수 영입에 큰돈을 투자하지 않았다. 리케츠는 엡스타인에게 고비용 저효율 컵스를 저비용 고효율 컵스로 만들어줄 것을 요구했다. 엡스타인이 사장으로 부임한 첫해인 2012년에는 61승 101패로 역시 지구 5위였다. 2013년에도 66승 96패 지구 5위, 2014년에도 73승 89패로 여전히 지구 5위에 머물러 있었다. 엡스타인이 사장이 된 후 3년 연속해서 컵스의 성적은 지구 최하위에 머물렀다. 같은 기간에 페이롤도 2012년 15위, 2013년 14위, 2014년 23위로 구단은 선수 영입에 돈을 쓰지 않았다. 하지만 엡스타인은 팀 성적에 개의치 않고 빠른 속도로 팀을 자신이 의도한 대로 착착 바꾸어가기 시작했다.

그는 페이롤에 투자하기보다는 명성이 있지만 팀의 화합에 문제가 있는 선수는 과감하게 방출시켰다. 그 자리에는 저평가되었지만 잠재력이 있고 인성이 좋은 선수를 중심으로 영입하기 시작했다. 야구가 혼자 하는 운동이 아니라 팀플레이가 중요하고, 무엇보다도 위기 상황을 극복해낼 수 있는 선수의 인성을 동시에 고려한 것이다. 이 기간에 그는 하위 성적 팀에게 신인 선수를 우선 지명할 수 있는 신인 드래프트에서 잠재력이 큰 신인 선수들을 적극적으로 영입했다. 이렇게 발굴한 젊고 유망한 선수들을 구단의 마이너 리그에서 육성하는 팜 시스템을 체계적으로 운영했다. 실력을 갖춘 선수에게는 메이저리그에 적극적으로 출전할 수 있는 기회를 주었고, 이러한 등판 기회는 선수들의 성취 동기를 자극했다. 그러자 선수들은 더욱 분발했고, 점차 선수층이 다양해지면서 경쟁력 있게 형성되었다.

2014년 시즌을 마치자마자 엡스타인은 탬파베이 레이스의 조 매든 감독을 컵스의 새 감독으로 영입했다. 그는 선수의 화합을 중시하면서도 세이버메트릭스를 잘 이해하는 감독이었다. 엡스타인은 보스턴 레드삭스 단장 시절 같은 지구 소속이던 탬파베이 레이스 감독으로 탁월한 실력을 발휘한 조 매든을 잘 알고 있었다. 조 매든이 저비용 저효율 팀인 탬파베이 레이스를 혁신시켜 챔피언 시리즈까지 진출시킨 점을 기억하고 있었다. 그가 세이버메트릭션 단장인 앤드류 프리드먼과 오랜 호흡을 맞춘 점도 고려 사항이었다.

2015년에는 컵스의 페이롤이 약간 상승해 13위였고, 성적도 97승 65위로 리그 3위를 차지했다. 지구 3위의 성적이지만 리그 소속 팀 성적이 좋아 와일드 카드 결정전에서 피츠버그 파이리츠를 물리치고 디비전 시리즈에 진출했다. 당시 내셔널리그 전체 승률 1위는 세인트루이스 카디널스[100승], 2

위가 피츠버그 파이리츠<sup>98승</sup>, 3위가 컵스<sup>97승</sup>였다. 디비전 시리즈에서는 세인트루이스를 3승 1패로 물리치고 챔피언 시리즈에 진출했다. 하지만 챔피언 시리즈에서 뉴욕 메츠에게 4연패하는 바람에 월드 시리즈 진출이 무산되었다.

## '역량'으로 '염소의 저주'를 깨트리다

엡스타인은 만년 꼴찌 팀 시카고 컵스 사장을 맡은 지 5년 만에 월드 시리즈 우승컵을 안았다. 엡스타인으로서는 3번째 월드 시리즈 우승을 경험한 것이다.

엡스타인은 컵스를 새로운 팀으로 재건하는 동안 신인 선수를 육성하는 팜 시스템에 대한 확신을 가지고 있었다. 육성된 신인 선수들이 일정 수준이 되면 그들을 적극적으로 메이저리그에 올려서 뛸 기회를 주었다. 그러자 팜 시스템이 더욱 활성화되었다. 이러한 신인 선수를 발굴하고 육성하는 데 3년을 묵묵히 참고 견뎠다. 3년 연속해서 컵스의 성적이 여전히 지구 꼴찌에 머물렀다. 팬이나 구단에게는 비판과 답답함이 있었을 것이다. 마치 컵스가 출구가 전혀 보이지 않는 깜깜한 동굴 속으로 그냥 빠져 들어가는 것을 쳐다보는 심정으로 말이다. 하지만 엡스타인은 출구 없는 '동굴'이 아니라 출구가 있는 '터널'이라고 믿고 있었다. 그는 길이 없으면 다리를 놓고, 막히면 터널을 뚫으리라는 신념으로 묵묵히 뚜벅뚜벅 자신의 길을 걸어갔다. 엡스타인은 유망주를 육성하는 팜 시스템이 끝이 보이지 않는 동굴이 아니라 곧 출구가 나오는 터널이라고 믿고 있었다. 긍정의 힘이다. 엡스타인이 컵스의 리케츠 구단주와 계약을 체결하면서 자신에게 전권을 부여하기로 하고 5년간 장기 계약을 한 이유가 여기 있었다. 리케츠 구단주는 그 대신 투자를 줄일 수밖에 없음을 엡스타인에게 알렸다.

엡스타인이 사장이 된 후 2012년부터 일관되게 추진한 팜 시스템과 팀 화합을 중시한 전략은 2016년부터 본격적으로 그 진가를 드러내기 시작했다. 엡스타인은 팬 서비스와 선수단 관리 그리고 팜 시스템 정비 등을 함께 실시해 본격적인 재건에 돌입할 수 있었다. 보스턴에서 맛본 성공과 실패를 통해 엡스타인의 경영 철학은 한층 원숙해져 있었다. 그는 경기장을 직접 돌아다니면서 팬들의 고충을 듣는 것을 게을리하지 않았다. 그리고 팀을 화합시키는 분위기 조성에도 한층 박차를 가했다.

엡스타인의 최대 강점은 역시 트레이드와 드래프트를 통해 팀에 적합한 저평가된 선수를 영입하는 것이다. 그가 2011년 10월 13일 부임하면서부터 영입한 선수 목록을 살펴보면 얼마나 선수 선발에서 역량을 발휘했는지 알 수 있다.

2012년 1월엔 가치가 하락한 유망주에 불과했던 앤서니 리조 <sub>2016년 타율 0.292, 32홈런, 109타점</sub>를 트레이드로 영입했다. 6월엔 외야수 호르헤 솔러와 자유 계약을 맺었다. 7월에는 텍사스 레인저스에게 라이언 뎀스터를 주고 카일 헨드릭스 <sub>2016년 16승 8패, 방어율 2.13</sub>를 영입했다. 12월엔 헥터 론돈 <sub>2015년 30세이브, 방어율 1.67</sub>을 '룰 5 드래프트'로 영입했다.

2013년 6월 드래프트에선 1라운드 2순위 지명권을 가지고 있었음에도 불구하고 여러 매체에서 더 높은 순위를 기록했던 투수 유망주들을 제치면서까지 크리스 브라이언트 2016년 타율 0.292, 39홈런, 102타점 를 뽑았다. 7월엔 볼티모어 오리올스에서 전년도 최악의 성적 2012년 방어율 6.20 을 기록했던 제이크 아리에타 2016년 18승 8패, 방어율 3.10 를 트레이드로 영입했다.

2014년 드래프트에선 예상을 깨고 무명에 가까웠던 포수 유망주 카일 슈와버 2015년 타율 0.246, 16홈런, 43타점 를 1라운드에 뽑았다. 7월에는 당시 에이스 제프 사마자를 넘기면서까지 오클랜드에서 유격수 유망주 에디슨 러셀 2016년 타율 0.238, 21홈런, 95타점 을 영입했다. 심지어 12월에는 현 감독 조 매든과 에이스 존 레스터 2016년 19승 5패, 방어율 2.44 를 영입했다.

2016년을 시즌을 앞두고 벤 조브리스트, 제이슨 헤이워드, 존 래키, 덱스터 파울러, 데이브 로스 등을 자유 계약FA 선수로 영입했다. 시즌 중반에는 무리한다는 평가를 받으면서까지 뉴욕 양키스로부터 특급 마무리 투수인 아롤디스 채프먼을 트레이드해왔다. 현재 컵스의 로스터 가운데 엡스타인의 손길이 미치지 않은 곳은 한 구석도 없을 정도였다.

그가 부임한 지 5년째 되던 2016년에 컵스는 정규 시즌에서 103승 53패의 놀라운 성적으로 30개 구단 승률 전체 1위를 기록했다. 디비전 시리즈에서도 짝수 해마다 월드 시리즈에서 우승하는 마법의 팀 샌프란시스코 자이언트를 짝수 해인데도 3승 1패로 물리쳤다. 챔피언 시리즈에서는 LA 다저스를 만나 4승 2패로 물리치고 월드 시리즈에 진출했다. 월드 시리즈에서 클리블랜드 인디언스를 물리치고 마침내 메이저리그 트로피를 들어 올린 것이다.

2016년 시카고 컵스가 월드 시리즈 정상에 오른 것은, 엡스타인 사장이 부임 이후 팀 전력을 효율적으로 극대화한 덕분이라는 평가를 받고 있다. 앤드류 사이먼 기자는 2016년 11월 7일 MLB.com에 "엡스타인이 완벽에 가까운 트레이드 성과를 냈다"Epstein has crafted near-perfect trade record는 제목의 기사를 통해 엡스타인 사장이 추진한 10대 트레이드를 소개했다.

사이먼 기자는 "만약 엡스타인이 2011년 10월 컵스 사장이 된 이후 그만의 탁월한 트레이드를 끌어내지 못했다면 이렇게 빨리 목표한 바를 이루지 못했을 것"이라고 썼다. "엡스타인과 호이어는 불확실성이 지배하는 메이저리그에서 나무랄 데 없는 트레이드 성과를 얻어냈다"고 평가했다.

사이먼 기자는 엡스타인 사장이 행한 10대 트레이드 가운데 1루수 앤서니 리조 영입을 1위로 꼽았다. 2012년 컵스는 우완 앤드류 캐시너를 샌디에이고 파드리스에 내주고 앤서니 리조를 데려왔다. 캐시너도 샌디에이고에서 만족할 만한 활약을 했지만 리조 역시 컵스의 성장에 크게 기여했다고 평가받는다. "지금 리조는 컵스의 주축 선수가 됐으며 그를 중심으로 컵스가 최강의 전력을 구축할 수 있었다"는 것이다. 컵스는 2012년 시즌이 끝난 뒤 리조와 7년간 총액 4,100만 달러에 2013~2021년까지 구단 옵션의 내용을 담은 장기 계약을 체결했다. 리조는 2016년 155경기에 출전해 타율 0.292, 32홈런, 109타점을 올렸다. 더욱이 포스트시즌에서는 타율 0.277, 3홈런, 10타점을 때려냈다.

2위는 투수 제이크 아리에타와 셋업맨마무리 투수가 나오기 직전에 던지는 투수 페드로 스트롭이다. 2013년 7월 볼티모어 오리올스와의 트레이드를 통해 컵스 유니폼을 입은 둘은 각각 주축 선발 선수와 불펜 투수로 활약했다. 특히 아리에타는 2015년 22승으로 내셔널리그 사이영 상을 차지했다. 그는 2016년에도 18승을 따내면서 컵스 우승에 큰 기여를 했다. 그는 컵스 이적 후 98경기에 등판해 평균 자책점 2.52를 올렸다.

3위는 카일 헨드릭스다. 헨드릭스는 2012년 7월 텍사스 레인저스에서 트레이드해왔다. 당시 애틀랜타 브레이브스와 LA 다저스와의 트레이드 협상이 결렬되자 컵스는 '플랜 C'를 가동해 텍사스와 협상을 벌인 끝에 당시 유망주였던 핸드릭스를 데려왔다. 그는 2016년에 31경기에 출전해 16승 8패라는 성적에 2.13이라는 메이저리그 최저 평균 자책점을 기록해 유력한 사이영 상 후보로 떠올랐다.

4위는 유격수 에디슨 러셀이다. 컵스는 2014년 7월 선발 제프 사마자와 제이슨 헤멀스를 오클랜드 애슬레틱스에 내주고 당시 최고의 유망주였던 러셀을 영입했다. 러셀은 2015년 메이저리그에 데뷔하자마자 주전 유격수 자리를 꿰찼다. 2016년에는 151경기에서 타율 0.238, 21홈런, 95타점을 때렸다. 컵스는 2021년까지 러셀에 대한 보유권을 지니고 있다.

5위는 중견수 덱스터 파울러다. 중견수 겸 톱타자가 필요했던 컵스는 2015년 7월 휴스턴 애스트로스와의 트레이드를 통해 내야수 루이스 발부에나 등을 내주고 파울러를 영입했다. 2016년 그는 125경기에서 타율 0.276, 13홈런, 48타점, 84득점, 출루율 0.393의 성적을 보였다.

6위는 2013년 7월 트레이드를 통해 입단한 우완 칼 에드워드 주니어와 저스틴 그램이 차지했다. 7위는 2016년 7월 뉴욕 양키스를 떠나 우여곡절 끝에 컵스에 합류한 마무리 투수인 아롤디스 채프먼이다. 8위는 좌완 트래비스 우드[2011년 12월], 9위는 좌완 마이크 몽고메리[2016년 7월], 10위는 포수 미구엘 몬테로[2014년 12월]다. 엡스타인이 컵스 사장으로 부임한 후 영입한 선수들이 2016년 월드 시리즈 우승에 얼마나 기여했는지 잘 알 수 있다.

2016년 컵스는 올스타 7명을 배출했다. 이러한 컵스 선수단을 1억 7,161만 달러만으로 구축한다는 것은 마치 '마법'과도 같은 일이다. 무엇보다도 놀라운 점은, 현재 컵스의 전력이 향후 몇 년간 지속적으로 유지될 수 있다는 것이다. 구단이 '재정 건전성'과 '유망주 육성 시스템'을 갖추고 있기에 지속적인 발전 가능성이 있다. 진정한 전통이 되려면 성과를 내는 효율성, 조직원이 편하게 받아들이는 편의성, 지속 가능성 등이 있어야 하는 것이다. 엡스타인은 2016년 9월 컵스와 5년의 재계약을 맺었다. 컵스에게 이번 월드 시리즈 우승이 종착역이 아닌 중간 지점에 불과하다는 것이 더 놀랍다.

엡스타인이 '염소의 저주'를 깨는 데 가장 큰 숨은 공로자는 누구일까? 시카고 컵스의 톰 리케츠 구단주다. 그는 2010년 컵스를 인수한 후 팀 성적이 5년 연속해 지구 꼴찌에 머물렀지만 엡스타인을 믿고 그에게 팀 운영에 관한 전권을 맡기고 묵묵히 기다려왔다. 엡스타인은 리케츠의 신뢰를 바탕으로 자신만의 방식으로 염소의 저주를 파괴하는 대안을 찾은 셈이다.

# PART 3

# 194년 저주를 푼
# 마법의 열쇠는 '역량' 이다

사람들은 엡스타인이 28세에 보스턴 레드삭스 단장이 되었을 때
그를 가리켜 "애송이"라고 비꼬았다.
그로부터 2년 후 팬들은 누구도 그를 "애송이"라고 부르지 않는다.
오히려 그에게 "저주 파괴자"라는 칭호를 붙여주었다.
86년 동안 풀지 못한 '밤비노의 저주'를 깬 것이다.
이어서 그는 108년 동안 '염소의 저주'에 휩싸여 있던 시카고 컵스에게
월드 시리즈 우승 트로피를 안겼다.
그는 어떻게 194년 동안이나 지속된 저주를 깰 수 있었을까?
엡스타인은 저주의 본질을 정확하게 꿰뚫어보는 혜안(insight)이 있었다.
그래서 저주를 믿지 않았다.
그는 '저주는 실제 없는 것이 있는 것처럼 보이는 허상'이고,
'패배주의의 그림자'에 불과하다고 보았다.
저주를 파괴하려면 그림자를 쫓기보다는 '패배주의'를 걷어내야만 그 그림자인 '저
주'가 사라진다고 믿었다.
그만의 새로운 방식으로 패배주의를 확 걷어냈다.
선수를 '역량 면접'으로 선발하고, 유망주를 양성해 승리하는 팀을 만든 것이다.
194년 저주를 깰 수 있었던 그의 역량을 추적해야 하는 이유다.

# 01 ))))))))))))))))))))))))))))))))))))))))))))))))))))))))))))

# 저주 파괴의 신무기는 세이버메트릭스다

## 세이버메트릭스가 뭘까

세이버메트릭스<sup>SABer-metrics</sup> 라는 말은 1971년 결성된 미국야구연구회<sup>SABR: Society of American Baseball Research</sup> 로부터 유래되었다. 세이버메트릭스는 야구 저술가이자 통계학자인 빌 제임스<sup>Bill James</sup> 가 창시한 방법론이다. 그는 시골 마을의 통조림 회사의 창고 경비원으로 근무했다. 그는 야구광이지만 유달리 야구 기록에 관심이 많았다. 그는 1977년 자신만의 독특하고 혁신적인 야구에 관한 생각을 책으로 만들기 시작했다.《빌 제임스 야구 개요》<sup>The Bill James Baseball Abstract</sup> 라는 책이었다. 이 책은 68페이지 정도의 팸플릿 형식으로 되어 있고, 스테플러로 한 권씩 제본한 형태라 보기에는 초라했다. 당시에는 지역 신문에 광고를 내고 구매자로부터 연락이 오는 경우에 우편으로 보내주는 방식으로 판매했다. 당시 이 책을 구입한 사람이 75명 정도에 불과한 이유였다.

하지만 몇 년이 지난 후 우연히 이 책을 접한 스포츠 일러스트레이트 잡지의 편집자 한 명이 그의 책을 소개하면서부터 메이저리그를 완전히 뒤집어놓는 세이버메트릭스가 탄생한다. 이때부터 메이저리그에서 세이버메트릭스가 본격적으로 전파되었고, 현재까지도 메이저리그에서 활용되고 있는 많은 지표 가운데 그가 디자인한 것들이 많다.

빌 제임스는 '기록의 스포츠'인 야구를 통계학적·수학적으로 분석했다. 야구에서는 투수가 던지는 하나의 공에도 스트라이크, 볼, 아웃, 인플레이, 파울 등 수많은 결과가 기록된다. 타자의 경우에도 마찬가지다. 한 타석에서 삼진으로 아웃을 당할 수도 있고, 안타를 칠 수도 있다. 또한 사사구로 걸어 나갈 수도 있다. 한 타석, 한 투구, 한 경기 정도의 기록이 한 시즌 전체에 미치는 영향은 그리 크지 않을 수 있다. 하지만 한 시즌 또는 지난 시즌과의 비교처럼 오랜 시간 동안 누적된 기록은 '통계적으로 신뢰할 수 있는' 영향력을 행사한다고 본 것이다.

세이버메트릭스는 다년간 쌓인 통계 자료를 바탕으로 선수의 재능을 평가하고자 하는 방법론이다. 세이버메트릭스는 1970년대에는 큰 주목을 받지 못하다가 1990년대부터 본격적으로 메이저리그에 영향을 미치기 시작했다. 하나의 포지션에 두 명 이상의 주전급 기량의 선수를 교대로 운영하는 플래툰 시스템, 투구 방향을 예측해 예상된 타구 방향으로 밀집 수비를 하는 수비 시프트는 통계를 근거로 한 야구의 작전 중 하나로, 세이버메트릭스가 반영된 것이다. 세이버메트릭스를 실제 야구에 적용하려는 사람을 세이버메트릭션이라 부른다.

## 감독 야구에 도전하는 세이버메트릭션

　　야구는 누구나 쉽게 할 수 있는 운동이 아니다. 우선 야구 장비가 있어야 하고, 규칙도 간단치가 않다. 9개의 포지션을 채우려면 최소한 한 팀에 9명은 있어야 한다. 투수가 힘껏 던지는 단단한 공을 타자는 배트로 쳐내야 하기 때문에 위험이 수반되는 운동이기도 하다. 그래서 일반인은 관중석에서 경기를 관람하거나 TV를 통해 볼 뿐이다. 그만큼 야구는 선수 출신이라는 전문가 집단의 전유물로 알려져 있다.

　그러다 보니 야구 팀은 감독과 코치는 물론 스카우터도 대부분 야구 선수 생활을 해본 이들로 채워져 있다. 야구와 관련된 일은 대부분 야구 선수 출신이 은퇴한 다음 하는 전문가 집단의 전유물이었다. '그들만의 리그'인 셈이다. 야구 관련 일은 선수 출신이 다 차지하고 있었다. 이러한 동일한 형태의 전문가 집단의 특징은 한마디로 '우물 안 개구리', '고인 물'이다. 구체적으로 살펴보면 다음과 같다. 첫째, 유사한 사고의 틀을 가지고 있다. 둘째, 틀을 벗어나려는 시도를 꺼린다. 셋째, 변화와 혁신을 거부한다.

　늘 어떤 분야든지 전문가 집단과 비전문가 집단이 충돌하는 경우가 생겨난다. 야구를 해보지도 못한 비전문가 중에서도 세이버메트릭스를 잘 활용해 단장이 되는 경우가 생겼다. 야구는 다른 운동과는 달리 통계의 스포츠다. 또한 절제력, 순간 포착력, 판단력을 요하는 멘탈 게임이다. 이런 이유로 야구 선수 경험이 전혀 없어도 통계 자료를 잘 활용하는 단장이 등장하기 시작한 것이다. 특히 구단의 재정 사정이 좋지 않은 가난한 구단의 단장으로서 통계 수치와 데이터를 바탕으로 저평가된 잠재력 있는 선수의 선발과 운용에 데이터를 활용해 고성과를 내는 경우가 나타나기 시작했다.

점차 야구는 선수로서의 경험과 직관을 바탕으로 선수 선발과 경기 운영을 하는 '감 야구'를 하는 팀과, 선수 선발과 경기 운영에 데이터와 통계 분석을 활용하는 '데이터 야구'를 하는 팀으로 양분되었다. '감 야구'를 하는 팀에게 야구는 전문 분야이기 때문에 실제 해본 사람만이 알 수 있다고 믿었다. 데이터는 참고 자료에 불과하다고 본다. '데이터 야구'를 하는 팀에게 야구는 불확실성이 크다. 따라서 개인의 직관과 경험은 지나치게 주관적이기 때문에 객관화된 자료, 데이터가 더 중요하고 유용한 것으로 본다. 현재는 점차 '감 야구'와 '데이터 야구'의 장점만 취하는 절충형으로 운영하는 것이 대세다. 감독은 선수를 기용하고 작전을 펼쳐야 하므로 경험과 직관을 중시하는 선수 출신이 많다. 반면에 선수 스카우터나 팀을 운영하는 단장 직에는 점차 데이터와 통계를 중시하는 세이버메트릭션이 많다.

한국이나 일본의 야구 팀은 선수 출신인 감독이 선수 선발이나 팀 운영을 주도한다. 단장은 주로 재정과 선수 지원 업무만을 담당한다. 반면에 메이저리그는 단장을 중심으로 돌아가는 시스템이다. 메이저리그에서 단장은 선수 선발이나 팀 운영에 막강한 영향력을 행사한다. 단장은 감독 선임은 물론 선수단 구성과 팀 운영에 관한 전권을 행사하기 때문이다. 신인 선발부터 트레이드, 자유 계약[FA] 선수 영입까지 감독이 아닌 단장이 전면에 나서서 모든 일을 주관한다. 선수 출신으로 성공한 세이버메트릭션으로 잘 알려진 오클랜드 애슬레틱스의 빌리 빈 단장은 "야구 팀은 감독으로부터 시작돼야 한다는 믿음이 있었다. 하지만 그건 사실이 아니다"라고 말했다.

## 구단주가 세이버메트릭션 단장을 선호하는 이유

메이저리그 구단주들은 세이버메트릭스를 이해하고 활용할 수 있는 단장을 선호한다. 그 이유는 저비용으로도 고성과를 낼 수 있기 때문이다. 물론 페이롤이 적은 저비용 팀에서만 세이버메트릭션을 선호하는 것은 아니다. 뉴욕 양키스, LA 다저스, 텍사스 레인저스와 같은 부자 구단에서도 세이버메트릭션 단장이나 사장을 선호한다. 세이버메트릭션의 공통점은 대개 야구 경험이 없지만 명문대를 졸업한 젊은이라는 것이다. 나이도 1970년대 출생자가 14명에 이르러 세이버메트릭션이 새롭게 등장했음을 알 수 있다. 통계학적 자료를 기반으로 팀의 여건과 선수에 관한 자신만의 '가치 기준'을 정해 독창적인 방식으로 성과를 내고 있다.

야구 경험이 있는 단장들은 자신의 경험과 주관적인 판단, 즉 감<sup>Sensibility</sup>을 바탕으로 선수를 선발하고 팀을 운영한다. 반면에 세이버메트릭션들은 팀에서 필요로 하는 인재상을 설정하고 데이터를 기반으로 선수 선발과 팀 운영을 한다. 자신만의 새로운 '평가 지표'를, 저평가되었지만 잠재력 있는 선수를 선발하는 기준으로 활용한다. 빌 제임스 이전에 타율과 도루의 중요성을 지나치게 강조해온 '기존의 틀'을 깨트리고 출루율, 수비의 중요성, 문제 해결의 잠재력 등 '새로운 틀'을 선보인 것이다.

2000년대 들어서 만년 꼴찌였던 팀들이 성적을 크게 향상시키면서 세인의 이목을 끌었던 사례가 3차례 있었다. 모두 통계 자료를 기본으로 선수의 잠재력을 알아보고 선수를 선발하며 운용한 세이버메트릭션들의 작품이다. 이 3명이 바로 오클랜드 애슬레틱스의 빌리 빈 단장, 탬파베이 레이스의 앤드류 프리드먼 단장, 보스턴 레드삭스의 단장을 역임하고 현재 시카고 컵스 사장으로 있는 테오 엡스타인이다. 빌리 빈은 유망한 야구 선수로 출발했으나 성공하지 못하고 무명 선수로 은퇴했고, 프리드먼과 엡스타인은 야구를 해보지 못한 '문외한'이다. 그럼에도 이들이 모두 세이버메트릭스를 기반으로 적은 페이롤로도 높은 성과를 냈다는 공통점이 있다.

빌리 빈은 가난한 구단인 오클랜드 애슬레틱스의 단장으로 기존의 안타율, 장타율보다는 '출루율'의 가치를 새로운 지표로 삼아 선수를 선발했다. 출루율이 높지만 저평가된 선수들을 우선적으로 선발했다. 이러한 새로운 실험을 성공적으로 이끌어내면서 《머니볼》이라는 책과 영화로도 그의 활동이 소개되었고 큰 반향을 불러일으켰다.

앤드류 프리드먼 단장은 툴레인 대학교를 졸업하고 뉴욕 월 가의 투자 은행에서 일한 인물이다. 그는 탬파베이 레이스 단장으로 부임해 아메리칸 리그 동부 지구에 속한 뉴욕 양키스와 보스턴 레드삭스 등 강팀들이 주로 타격을 위주로 경기를 한다는 점을 간파했다. 반면에 탬파베이 레이스는 1996년 창단된 신생 팀이고 페이롤이 30개 구단 중 29위였다. 재정이 부족한 신생 팀이던 탬파베이 레이스는 이들과 같은 방식으로 운영해서는 그들의 적수가 되지 못한다는 점을 깨달았다. 그래서 선수 선발 시 공격력보다는 수비력이 좋은 선수를 영입해 두 시즌 만에 동부 지구 1위를 차지했고, 월드 시리즈 진출이라는 기적을 이루어낸 것이다.

테오 엡스타인은 소속 팀을 월드 시리즈에서 3차례나 우승시켰다. 그는 예일대를 졸업하고 야구 선수 생활은 본격적으로 해보지도 않았다. 하지만 유망주 선발과 육성 그리고 선수 인성을 중시하는 새로운 평가 기준을 통해 86년 만에 보스턴 레드삭스가 월드 시리즈에서 우승하도록 이끌었다. 그 이후 선수가 어려움을 극복해내는 '역량'의 관점에서 선수 선발과 소통 중시, 팀 화합 우선 전략으로 시카고 컵스가 108년 만에 월드 시리즈에서 우승하도록 만들었다.

그 외에도 텍사스 레인저스의 존 대니얼스<sup>코넬대 졸업</sup> 단장, 콜로라도 로키스의 제프 브라이디치<sup>하버드대 졸업</sup> 단장, 밀워키 브루어스의 데이비드 스턴스<sup>하버드대 졸업</sup> 단장, 오클랜드 애슬레틱스의 데이비드 포레스트<sup>하버드대 졸업</sup> 단장, 마이애미 말린스의 마이클 힐<sup>하버드대 졸업</sup> 단장, 클리블랜드 인디언스의 마이크 처너프<sup>다트머스대 졸업</sup> 단장, 뉴욕 메츠의 샌디 앨더슨<sup>다트머스대 졸업</sup> 단장, 필라델피아 필리스의 맷 클렌택<sup>다트머스대 졸업</sup> 단장, 샌디에고 파드리스 A.J. 프렐러<sup>코넬대 졸업</sup> 단장, 시카고 컵스의 제드 호이어<sup>웨슬리언대 졸업</sup> 단장 등이 있다. 또한 단장 가운데 최장수 단장인 뉴욕 양키스의 브라이언 캐시먼<sup>미국가톨릭대 졸업</sup>은 31세의 나이로 부임해 19년 동안 팀을 이끈 최장수 단장이다. 메이저리그 구단 30명의 단장 가운데 메이저리그 선수 출신은 시애틀 매리너스의 제리 디포토 단장이 유일하다. 나머지 29명의 단장은 메이저리그 선수 경험이 없는 세이버메트릭션이다.

## '출루율'로 오클랜드 애슬레틱스를 혁신시킨 빌리 빈 단장

빌리 빈은 저비용으로 하위 팀을 단숨에 지구 우승팀으로 만든 단장으로 잘 알려져 있다. 《머니볼》이라는 책과 영화의 주인공 브래드 피트

역이 바로 빌리 빈이다.

2007년에 미국 경제 전문지 〈포브스〉는 빌리 빈을 메이저리그 최고의 단장으로 선정했다. 그는 한때 메이저리그 최고 유망주였으나 타자로서 '자제력'과 '평정심' 부족 때문에 선수로서는 성공하지 못했다. 빌리 빈은 1998년 오클랜드 애슬레틱스의 단장이 되었다. 이때부터 빈은 자신의 야구를 본격적으로 펼치기 시작했다. 그는 다른 구단이 주목하지 않는 유망주를 스카우트하거나 트레이드하기 시작했다. 싼 값으로 데려온 유망주들이 정상급으로 성장하면 부자 구단에 비싸게 팔거나, 신인 드래프트에서 여러 명의 유망주를 대거 발굴해 육성하는 선순환 구조를 구축했다.

대표적인 예가 빌리 테일러와 제이슨 이스링하우젠의 트레이드다. 빌리 빈은 1999년 시즌 종반 무렵 당시 37세의 노장 마무리 투수 빌리 테일러를 뉴욕 메츠에 팔았다. 9회 마지막 1이닝만 확실히 책임지면 되는 마무리 투수의 특성상 경험이 많은 노장 선수가 유리하다고 보는 게 일반적 통념이지만 빈의 생각은 달랐다. 빈은 테일러의 가치가 이미 한계에 도달했다고 보았고, 그의 몸값이 최고로 비싼 지금 그를 다른 팀에 보내고 그 대신 유망한 젊은 선수를 여러 명 데려오는 게 낫다고 믿었다.

빈은 테일러를 보내고 선발 투수로서 고전을 면치 못하던 제이슨 이스링하우젠을 데려와 그를 마무리 투수로 삼았다. 결과는 대 성공이었다. 2000년 이스링하우젠은 33세이브를 거두며 메이저리그 정상급 마무리 투수 반열에 올랐다. 반면 테일러는 메츠에서 고전을 면치 못했다. 빌리 빈이 단장으로서 선수의 잠재력을 보는 안목을 잘 보여준 사례다.

그는 이슬링하우젠으로 재미를 톡톡히 본 다음 트레이드를 계속했다.

2002년 이스링하우젠의 성장 가능성이 한계에 이르렀다고 판단한 빈은 그를 세인트루이스 카디널스에 비싸게 팔았다. 그리고 저평가되었다고 판단한 빌리 코치 선수를 토론토 블루제이스에서 영입했다. 그는 시속 160km를 넘나드는 강속구를 던졌지만 신인 고질병인 제구력 불안에 시달렸다. 그러나 빌리 코치는 오클랜드 애슬레틱스에서 새로운 선수로 거듭났다. 코치는 2002년 시즌에 44세이브를 올리며 대활약했다. 빈은 한 해 만에 빌리 코치를 시카고 화이트삭스로 보냈다. 그 대신 2002년 시즌에 부진을 면치 못했던 키스 폴크를 보스턴 레드삭스에서 데려왔다. 2003년 시즌이 끝난 후의 빈의 선택은 다시 한 번 메이저리그를 깜짝 놀라게 만들었다. 1년 전 최고의 마무리 투수였던 빌리 코치는 시카고 화이트삭스에서 불과 11세이브만 기록했다. 반면 2002년 극도로 부진했던 키스 폴크는 무려 43세이브를 올렸다.

타자 트레이드도 무척 성공적이었다. 강타자 제이슨 지암비를 뉴욕 양키스로 보내고 저메인 다이를 영입했다. 자니 데이먼을 보스턴 레드삭스로 보내고 레이 더럼을 영입한 일, 미구엘 테하다를 볼티모어 오리올스로 보내고 바비 크로스비를 택한 일은 모두 성공적인 트레이드로 평가받고 있다. 무엇보다도 빌리 빈의 성공 신화의 백미는 '영건 3인방'을 영입한 일이다.

1998년 마크 멀더, 1999년 팀 허드슨, 2000년 배리 지토의 영입했다. 이들은 모두 젊은 선수로서 제1선발급 투수였다. 다른 팀에서는 한 명도 가지기 힘든 특급 1선발을 3명이나 보유하고 있는 셈이다. 이 3명의 투수는 2001년부터 압도적인 성적을 내기 시작했다. 특히 배리 지토는 직구 구속이 느려 많은 스카우터들이 데려오는 것을 반대했던 선수였다. 하지만 빈은 세이버메트릭스의 통계를 들이대며 지토의 성장 가능성을 높게 평가해 신인 드래프트에서 제1순위로 지명했다. 2001년부터 2004년까지 3명의 투수가 거둔 승수가 무려 198승이다. 이 기간 중 오클랜드 애슬레틱스가 승리한 총 392경기 가운데 '영건 3인방'이 거둔 승리가 전체 승수의 50.5%였다. 애슬레틱스는 2002년과 2003년 연속으로 아메리칸리그 서부 지구 1위를 차지했다. 특히 2002년 오클랜드 애슬레틱스가 거둔 20연승은 아메리칸리그 최다 연승 신기록이 되었다. 그러나 이러한 신화는 그리 오래가지 못했다. 좋은 성적을 거둘수록 연봉은 치솟을 수밖에 없는데 재정 형편이 어려운 애슬레틱스 입장에서는 고액 연봉자가 된 이들 선수를 붙잡을 방법이 없었기 때문이다.

특히 배리 지토는 '커브의 달인'이라는 칭호를 받았고, 2002년 매년 최고의 투수에게 부여하는 사이영 상을 받았다. 사이영 상은 '명예의 전당'에 오른 전설적인 투수 사이 영Cy Young을 기리기 위해 1956년 만들어진 것이다. 놀랍게도 지토의 2002년 연봉은 50만 달러에 불과했다. 2006년 시즌 이후 자유 계약FA 선수가 된 지토가 샌프란시코 자이언트로 이적하면서 7년간 무려 1억 2,600만 달러라는 대형 계약을 체결한 것을 보면, 그가 애슬레틱스에서 얼마나 적은 연봉으로 큰 성적을 냈는지 알 수 있다.

다른 영건인 팀 허드슨은 애틀랜타 브레이브스로, 마크 멀더는 세인트루이스 카디널스로 트레이드됐다. 재미있는 사실은, 이 '영건 3인방'이 모두 트레이드된 이후인 2006년부터 오클랜드 애슬레틱스는 아직까지 한 번도 플레이오프에 진출하지 못했다는 것이다. 그래서 야구는 투수 놀음이라는 비아냥이 있는가 보다….

빌리 빈은 승부욕이 강한 편으로 승리에 대한 열정이 남달랐다. 구단 운영에 대한 확고한 신념을 바탕으로 단장의 권한을 강화하고 감독의 권한을 축소했다. 그는 선수들과의 커뮤니케이션을 무엇보다 중요시했고, 메이저리그 출신이라는 점이 선수들과 공감대를 형성하는 데 유리했다.

오클랜드 애슬레틱스 외야수 출신인 데이비드 저스티스는 "내가 14년 동안 각 팀의 단장을 만난 횟수보다 2002년 반년 동안 빌리 빈을 만난 횟수가 훨씬 많았을 것"이라고 말했다. 빌리 빈은 "우리가 해서는 안 될 첫째 행동은 뉴욕 양키스를 따라 하는 것이다. 양키스의 방식을 따라 하면 매번 질 수밖에 없다. 그들은 우리가 취할 행동을 세 번이나 반복할 수 있을 만큼 부자다", "제대로 된 리서치를 하지 않는 건 불법 행위나 다름없다. 어리석은 트레이드를 하는 것도 마찬가지다"라고 했다. "메이저리그는 100년이 넘는 역사를 지닌 비즈니스지만 그간 크게 변하지 않았다. 이 때문에 다른 방식을 시도하는 사람은 아마도 분란을 만들어낼 가능성이 크다"라는 유명한 어록을 남기기도 했다.

## ‘수비의 힘’으로 탬파베이 레이스를 혁신한 앤드류 프리드먼 단장

아메리칸리그 동부 지구 소속으로 1996년 창단된 탬파베이 레이스는 10년간 메이저리그 최약체 팀이었다. 앤드류 프리드먼Andrew Friedman은 2003부터 2005년까지 탬파베이 레이스 프런트에 근무하다가 2006년 단장으로 승진했다. 2002년부터 2007년까지 6년 동안 지구 꼴찌였던 탬파베이 레이스를 2008년에는 월드 시리즈에 진출시켰다. 탬파베이 레이스는 팀 페이롤이 전체 구단 가운데 29위 아니면 30위로 제일 가난한 팀이었다. 그런데 프리드먼이 단장으로 부임한 지 2년째인 2008년에는 전체 구단 가운데 연봉 1위 팀인 뉴욕 양키스를 물리치고 지구 1위를 차지했다. 2008년에도 페이롤은 여전히 29위였다. 구단주가 돈을 더 투자해서 얻은 성과가 아니라는 의미다. 이런 기적은 프리드먼이 실행한 공격보다는 수비 강화를 통한 '실점 최소화' 전략이 적중한 것이다. 반면 같은 지구에 속한 뉴욕 양키스나 보스턴 레드삭스, 볼티모어 오리올스는 풍부한 자금력을 바탕으로 강타자 영입을 통한 타격 강화에 몰두했다.

연봉이 최하위인 탬파베이 레이스로서는 양키스와 같은 방식으로는 도저히 양키스와 레드삭스를 이길 수 없었다. 프리드먼은 탬파베이 레이스에 적합한 자신만의 전략을 선택했다. 타자로는 수비력이 강하면서 몸값이 낮은 젊은 선수들을 주로 영입했다. 구체적으로 타자는 타율보다는 점수를 낼 수 있는 기준인 출루율, 장타율, 출루율+장타율$^{OPS}$, 수비 성공률을 선발 기준으로 삼았다.

투수로는 팀을 이끌 수 있는 경험이 풍부한 선수들을 우선적으로 영입했다. 투수는 1이닝당 출루 허용 수$^{WHIP}$를 선발 기준으로 했다. 이러한 전략으로 그동안 팀의 약점인 '흥분과 기복이 큰' 어설픈 플레이를 일거에 해소했다. 2008년도 탬파베이 레이스의 수비력은 메이저리그 전체 4위였고, 선발진과 불펜 방어율은 전체 2위였다. 선발 투수와 수비형 유격수를 확보하기 위해 마이너리그 최우수 선수 출신으로 공격력이 높이 평가되었으나 수비력이 약했던 델몬 영을 주저 없이 트레이드한 사례는 그의 전략을 단적으로 보여준 것이다. 프리드먼은 세이버메트릭션 기질을 발휘해 선수 선발 시에 '최소 지출로 최대 성과를 거둔다'라는 원칙을 견지했다.

프리드먼은 카리스마보다는 부드럽지만 합리적인 리더십으로 유명하다. 특히 젊은 선수들과 지속적인 대화를 통해 실패를 두려워하지 않고, 공격적인 플레이를 할 수 있는 분위기를 조성했다. 그는 필요한 선수를 적기에 합리적인 가격으로 영입했다. 2008년 리그 우승의 주역 18명 가운데 12명이 트레이드 및 자유 계약FA 을 통해 영입한 선수였다는 데서 그의 놀라운 선수 영입 성과를 알 수 있다. 고성과를 낸 요인으로 빼놓을 수 없는 또 다른 요인으로는 2006년부터 2014년까지 조 매든 감독과 함께 했다는 점이다. 2014년 조 매든 감독은 시카고 컵스 감독으로, 프리드먼은 LA 다저스 사장으로 모두 탬파베이 레이스를 떠났다. 둘은 탬파베이 레이스에서의 동지 관계에서 이제는 경쟁 관계로 치열하게 싸울 것이다.

## '역량'으로 194년 저주를 파괴한 테오 엡스타인

엡스타인은 영입할 선수를 평가할 때에는 감정을 철저하게 배제하고, 데이터에만 근거한 세이버메트릭션이다. 그는 시카고 컵스 사장으로 부임한 후에 선수를 평가할 때 통계 수치와 함께 그 선수의 '인성'도 동시에 고려했다. 선수의 인성은 엡스타인의 주관적인 판단이 아니라 동료 선수나 이전 감독들의 평판을 통해 얻어진 객관화된 자료로 반영했다. 엡스타인은 자신의 스카우트 원칙으로 '실패를 대하는 자세'를 본다고 했다. 그는 "나는 선수들이 경기장에서 어려움에 부닥쳤을 때 어떻게 반응하는지 유심히 본다. 최고의 타자도 열에 일곱은 실패한다는 말처럼 야구는 실패를 통해 완성되기 때문이다"라고 했다.

그런 이유로 엡스타인은 컵스 구단 산하 스카우터들에게 선수에 대한 보고서를 작성할 때 그 선수의 신체적 능력에 대한 평가보다는 인격적인 면모를 좀 더 세심하게 기술할 것을 주문했다. "선수가 아니라 사람을 스카우트하라"는 것이다.

그가 선수를 선발하는 데 중시한 '새로운 틀'이다. 특히 "그 선수가 곤란한 상황에 빠졌을 때 그것을 어떻게 헤쳐 나가는지가 최대의 관심사"라고 했다. 엡스타인은 매년 신인 드래프트 때 유망주를 상대로 이러한 관점에서 집중적으로 질문하고 중요한 선발 기준으로 삼았다.

그는 "드래프트 룸에서 우린 절반 이상의 시간을 선수가 아닌 사람을 평가하는 데 할애한다"고 강조했다. "그들의 성장 배경과 정신력, 습관 등이 모두 중요하다. 그래서 스카우트들에게 젊은 선수들이 필드 안팎에서 겪은 어려움과 그것을 어떻게 극복했는지 구체적인 사례를 들어 각각 3가지씩 찾아서 서술하라고 요구한다."

엡스타인은 레드삭스 단장 시절 고등학교를 졸업한 앤서니 리조를 6라운드에서 지명하고 32만 5,000달러에 계약했다. 그러나 그는 2008년 싱글 A에서 0.373 타율로 대활약하다가 예상치 못한 암초를 만나게 된다. 그가 호지킨 림프종이라는 암 선고를 받게 된 것이다. 다행히 초기에 발견되어 1년간 야구를 중단하고 치료에 전념해 다시 야구를 할 수 있었다. 그러나 리조는 2011년 샌디에이고 파드리스로 트레이드되었다. 엡스타인은 다음 해인 2012년 샌디에이고 파드리스에서 타율 0.141에 불과했던 그를 시카고 컵스로 영입했다. 그 이후 리조는 컵스에서 활약하기 시작했고, 2013년 7년 4,100만 달러의 장기 계약을 체결했다. 그는 2016년 내셔널리그 골드 글러브 1루수 부문을 수상할 정도로 팀에 크게 기여하는 선수로 성장했다. 엡스타인은 이것 역시 대단치 않게 생각한다.

"글쎄, 저희는 이점이 있었어요." 그는 말한다. "저희는 그가 고등학교를 졸업한 17살 때 드래프트를 했어요. 저희는 그가 암 선고를 받은 뒤 치료를 받고 이겨냈을 때까지 계속 알아왔어요. 저는 그의 가족을 굉장히 잘 알게 됐어요. 결국 계약은 쉬운 일이었죠."

엡스타인이 선수 선발 시에 암 극복이라는 시련을 이겨낸 리조를 높이 평가했음을 추측할 수 있다. 그의 인성을 파악해 잠재력을 확인했던 것이다. 그가 "전통적인 스카우팅과 객관적인 분석의 균형을 맞춰야 합니다. 이건 그냥 하는 말이 아닙니다"라고 말한 데서도 세이버메트릭스 말고도 인성의 중요성을 선수의 선발 기준으로 삼고 있는 것을 알 수 있다.

2016년 월드 시리즈 우승을 함께 이끈 조 매든 감독 역시 "엡스타인은 데이터도 중시하지만 장기간의 야구 경기에서 팀이 어려움에 처했을 때 위기를 극복하는 힘을 더 중요시한다"라고 말했다. "그는 절대로 세이버메트릭스 숫자에만 붙잡혀 있는 사람이 아니다. 그는 정말로 인간적인 면에 대해 상세히 살핀다"면서 "세이버메트릭스 세계와 진짜 세계와의 균형을 이해하고 있다. 선수들은 컴퓨터가 아니라 사람이라는 것을 알고 있다"고 설명한다. 엡스타인이 선수의 잠재적인 가치와 인간적인 면을 함께 고려해 선수를 선발한다는 사실을 확인시켜주는 대목이다. 따라서 엡스타인은 팀에서 아주 유명한 선수라고 하더라도 그 선수가 연봉에 비해 실적이 좋지 못하고 팀 화합을 깨는 경우에는 과감하게 트레이드를 단행했다. 선수를 평가할 때 팬들의 사랑이나 정 같은 요소를 배제하고, 철저히 효율성을 중시하고 있음을 알 수 있다.

엡스타인이 선수 선발 시에 고려한 '어려움을 극복하는 힘'이 바로 위기와 갈등 상황에서 문제를 해결하는 잠재력인 '역량'과 맥을 같이하는 것이다. 역량이란 조직 목표에 부합하는 높은 성과를 달성하는 고성과자의 행동 특성이라고 정의된다. 한마디로 '조직의 문제를 잘 해결할 만한 잠재력'이 바로 '역량'인 것이다. 팀에 기여할 수 있는 선수를 저가에 영입하고, 성과를 내지 못할 가능성이 높은 선수를 고가에 매각하는 것이다. 구단 입장에서는 잠재력 있는 선수를 싼 값에 영입해 성과를 내는 저비용 고성과를 지향하는 것이다. 선수 입장에서는 실력을 최대한 발휘해 몸값을 높이는 것이다. 엡스타인은 보스턴 레드삭스 상징과도 같았던 노마 가르시아파라를 과감하게 이적시켰을 때 보여줬듯이 자신의 원칙에 확신을 가지고 있었다. 또한 알폰소 소리아노와의 자유 계약을 경계하면서 선수의 현재 가치가 아닌 미래 가치에 대한 투자인 점을 강조했다. "저는 과거의 경력이 아니라 미래의 경기력을 사는 거라고 믿습니다."

엡스타인이 선수를 선발할 때 통계 자료를 기초로 선수로서의 잠재력을 보는 것 이외에 선수의 인성을 중시한 것을 알 수 있다. 특히 선수가 아닌 사람으로서 어려운 문제를 해결한 경험이 있는지 그 여부를 선발의 기준으로 한 점이, 국가나 기업 같은 조직에서 문제를 잘 해결할 만한 잠재력을 갖춘 인재를 선발하는 역량 평가와 서로 맥이 통하는 것임을 알 수 있다.

## 빌리 빈, 앤드류 프리드먼과는 다른 테오 엡스타인의 33역량

　　빌리 빈, 앤드류 프리드먼, 테오 엡스타인은 모두 통계 자료, 즉 데이터를 중시하는 세이버메트릭션 단장 출신이다. 자신만의 독특한 선수 선발 기준과 운영 전략으로 소속 팀이 괄목할 만한 성과를 내도록 이끈 점도 같다. 하지만 테오 엡스타인이 빌리 빈과 앤드류 프리드먼과 다른 차이점이 한 가지 있다.

　　엡스타인은 단장과 사장으로서 13년 동안 소속 팀이 3번이나 월드 시리즈에서 우승하도록 이끌었다는 점이다. 반면에 빌리 빈은 단장과 사장으로서 19년 동안 팀의 성적은 높였지만 단 한 번도 월드 시리즈 우승을 경험하지 못했다. 앤드류 프리드먼 역시 단장과 사장으로 14년 동안 단 한 번도 월드 시리즈에서 우승을 경험하지 못했다. 반면에 엡스타인은 단장으로서 2회, 사장으로서 1회 모두 3번 월드 시리즈 우승을 이끌었다. 2004년에는 86년 동안 보스턴 레드삭스를 괴롭혀온 '밤비노의 저주'를 깨트렸고, 2016년에는 108년 동안 시카고 컵스를 괴롭혀온 '염소의 저주'마저 깨트렸다. 엡스타인은 미국 프로야구에 가장 오래된 2개의 저주를 모두 파괴한 주인공이다. 그를 '저주 파괴자'curse breaker, '퇴마사'exorcist 라고 부르는 이유다.

놀라운 점은, '저주'가 194년 동안 레드삭스와 컵스가 월드 시리즈 우승을 막아왔다고 굳게 믿고 있었다는 것이다.

월드 시리즈 우승은 30개 팀에서 1등을 해야 하니 단순하게 계산하면 1팀의 우승 확률은 평균 3.3%이고, 평균 30년이 소요된다고 할 수 있다. 하지만 실제로는 팀의 전력을 감안하면 팀별로 우승 확률이 천차만별일 것이다. 월드 시리즈를 우승하기 위해서는 먼저 내셔널리그와 아메리칸리그 양대 리그의 서부 지구, 중부 지구, 동부 지구<sup>각 지구별 5개 팀씩 배속</sup>로 나뉘어서 4월 초부터 9월 말까지 6개월 동안 팀당 162경기씩 정규 시즌을 치른다. 정규 시즌 성적에 따라 30개 팀 중 10개 팀이 포스트시즌이라는 가을 야구를 한다. 구체적으로는 단판 승부인 와일드 카드 경기부터 시작해서 5전 3선승제 디비전 시리즈, 7전 4선승제로 치러지는 리그 챔피언 시리즈를 통해 리그 챔피언 팀이 결정된다. 그리고 양대 리그 챔피언 팀끼리 7전 4선승제로 치르는 경기가 바로 월드 시리즈다. 그해 30개 팀 가운데 왕 중 왕을 뽑는 마지막 결승전인 셈이다.

미국 프로야구 양대 리그 결승전 경기를 굳이 월드 시리즈라고 하는 이유가 선뜻 이해 가지 않았다. 그런데 아메리칸리그와 내셔널리그는 그 경기 방식이나 운영 방식이 다르다는 점을 감안하면 납득이 된다. 미국 프로야구는 148년 전인 1869년 신시내티 레드스타킹스<sup>현 신시내티 레즈</sup>가 프로 구단으로 창설되면서 시작되었다. 1875년 세인트루이스와 루이스빌 등에 있는 야구 클럽 대표단의 모임에서 내셔널리그가 창설되었다. 그 뒤 1882년에 내셔널리그에 대항하는 아메리칸 어소시에이션<sup>American Association</sup>이라는 새로운 리그가 시작되었고, 1901년 아메리칸리그가 창설되었다. 1903년에 처음으로 양대 리그의 우승 팀 간 경기가 치러졌고, 이것이 월드 시리즈의 시작인 셈이다.

양대 리그의 가장 큰 차이점은 아메리칸리그는 지명타자 제도를 도입해 실시하는 반면 내셔널리그는 지명타자 제도를 실시하지 않는다는 점이다. 지명타자 제도란 수비에 참여하지 않는 지명타자 1명을 선정해 투수 대신 타격을 하게 하는 것이다. 투수는 수비에만 집중할 수 있다. 반면 내셔널리그는 지명타자 제도를 인정하지 않아 수비 선수와 공격 선수가 똑같이 투수도 반드시 타석에 서야 한다. 엡스타인은 내셔널리그인 시카고 컵스와 아메리칸리그인 보스턴 레드삭스를 모두 월드시리즈에서 우승시켰다.

월드 시리즈에서 우승하려면 디비전 시리즈, 챔피언 시리즈, 월드 시리즈 3단계에서 모두 승리해야 하는 것이다. 따라서 반드시 3단계를 거쳐야만 월드 시리즈 우승이 가능하다는 점과 엡스타인이 맡은 팀을 3번이나 월드 시리즈 우승으로 이끈 점을 강조해, 이 책에서는 엡스타인이 고성과를 낸 역량을 '$33^{3-3}$ 역량'이라고 명명했다.

# 02

## 194년 저주를 파괴한 테오 엡스타인의 7가지 전략과 15가지 역량은 무엇인가

### 역량이란 무엇인가

'역량'competency 이라는 용어는 1973년 미국 하버드 대학교 심리학과 교수인 데이비드 맥클랜드David McClelland 에 의해 처음 사용되었다. 그는 미국 국무성으로부터 해외 공보관 선발을 위한 효과적인 방안을 연구해달라고 요청받았다. 그때까지는 인종, 학력, 성적, IQ, 성장 환경 등의 요소가 주요한 인재 선발 기준이었다. 그러나 맥클랜드 교수는 이러한 선발 기준에 문화적 편향성이 있을 뿐만 아니라 소수 민족, 특히 사회경제적 하류층에 대한 편견이 있음을 발견하고는 평가 기준으로서의 실효성에 의문을 갖는다.

그래서 그는 기존의 선발 기준과는 전혀 다른 방식으로 선발하는 새로운 시도를 한다. 그 방법으로 어떤 일에 대한 심층 질문을 통해 그가 취한 행동을 관찰하는 면접 기법을 택했다. 먼저 상사나 동료, 고객이 유능하다고 인정하는 고성과자 A 그룹 50명과 해고될 정도는 아니지만 뚜렷한 성과를 올리지 못하는 평범한 B 그룹 50명을 비교 집단으로 나누었다. 그러고는 개인별로 중요한 상황 또는 업무 수행 과정에서 어떻게 대응하고 행동했는지에 관해 다음과 같이 끊임없이 질문했다.

- 그들에게 어떤 일이 일어났는가?
- 언제? 어디서?
- 그 사건에 관련된 사람은 누구였는가?
- 당시 그들과 어떤 대화를 나누었는가?
- 그리고 당시 상황에 어떻게 대응했는가?
- 결과는 어떻게 되었는가?

  …

특정한 상황에서 대상자들이 각자 어떻게 행동했는지 끊임없이 질문하고 관찰하는 맥클랜드의 면접 기법을 '행동 사건 면접 BEI: Behavioral Event Interview 기법'이라고 한다. 그는 고성과자인 A 그룹에서는 평범한 B 그룹과는 다른 독특한 행동 특성이 있음을 발견한다. 심층 인터뷰를 한 결과 고성과를 낸 해외 공보관들 High Performers 에게서는 3가지 행동 특성이 있음을 발견했다.

첫째, 다른 문화에 대한 수용성이 높다.

둘째, 타인에 대한 긍정적인 기대를 갖고 있다.

셋째, 정치적 네트워크를 파악하는 능력이 뛰어나다.

맥클랜드 교수는 이와 같이 뛰어난 성과를 내는 사람들에게서만 나타나는 독특한 행동 특성을 '역량'이라고 정의했다. 그는 이러한 '역량'은 그동안의 전통적인 지능 검사, 적성 검사, 시험 성적 등으로는 잘 파악되지 않는 것이라고 주장했다.[5]

그 이후에 공직이나 민간 기업에서 인재를 선발하는 데 '역량'이라는 새로운 기준이 유용하게 활용되고 있다. 역량은 선발 과정뿐만 아니라 승진 평가 기준으로도 많이 활용되고 있다.

엡스타인은 메이저리그 구단에서 선수를 스카우트하면서 기존의 선발 방식과 달리 야구 이외의 분야에서 '문제를 해결하는 잠재력'을 선발의 '새로운 틀'로 제시했다. 이러한 시도는, 맥클랜드 교수가 역량을 인재 선발 기준으로 삼는 것과 일맥상통한 점이다.

역량Competency 이란 조직 목표와 관련해 고성과를 내는 사람만이 갖는 행동 특성이라고 했다. 따라서 남다른 높은 성과를 낸 이들에게는 다른 사람과 구별되는 '역량'이 있다. 이러한 역량을 분석해보면 그가 남다른 성과를 낸 원인을 정확하게 파악할 수 있을 것이다. 필자가 194년의 저주를 파괴한 엡스타인의 높은 성과에서 그의 역량을 분석하려는 이유이기도 하다.

한편, 엡스타인의 역량을 관찰·분석하려면, 그가 문제를 해결해내는 과정에 대한 인터뷰를 통해 그의 지식과 경험을 세심하게 관찰해야 한다. 또한 그의 역량을 판단하는 기준도 있어야 한다. 하지만 필자가 그를 직접 만나 인터뷰해서 그의 역량을 관찰·평가한다는 것은 현실적으로 어렵다. 따

---

5    D. C. McClelland, Testing for Competence rather than for intelligence, American Psychologist, 28, p.1-14.

라서 이 책에서는 엡스타인이 현안을 해결해내는 과정에서 보여준 전략과 그의 언론 인터뷰 등을 통해 그의 역량을 관찰·분석해보고자 했다.

그의 역량을 관찰·평가하는 기준으로는 OECD 핵심 역량을 기준으로 하고자 한다. OECD 핵심 역량Core Competencies은 OECD 회원국 간의 정책 조정과 경제 협력을 도모하기 위해 2,500여 명의 직원을 선발하고, 직무 성과를 평가하기 위한 기준이다. 39개 회원국을 만족시키기 위해서는 공정성과 다양성을 객관화해서 반영한 기준이 있어야 한다. 그 기준이 바로 OECD 핵심 역량이다. 이것이 각국에서 선수를 공정하고 다양하게 선발하는 메이저리그의 기준과 유사하다고 본 이유다.

OECD 핵심 역량은 성과 관련 역량, 대인 관계 역량, 전략적 역량이라는 3개의 카테고리와 15가지 역량으로 구성되어 있다. 특히 역량별로 1단계부터 5단계로 그 레벨이 구체적으로 정해져 있어 해당 역량의 기준이 객관화되어 있다는 점이 특징이다. 마치 토익 성적에 따라 영어 실력을 객관적으로 구분한 것과 마찬가지다. 따라서 이 책에서는 엡스타인이 높은 성과를 내면서 보여준 역량을 관찰·평가하는 기준으로 OECD 핵심 역량을 삼고, 그의 역량 수준을 5단계로 구분해서 평가하고자 한다.

1점은 '매우 미흡' 수준, 2점은 '미흡' 수준, 3점은 '보통' 수준, 4점은 '우수' 수준, 5점은 '매우우수' 수준이다. 3점보통이 통상의 문제를 무난하게 해결하는 수준이다.

| OECD 핵심 역량(15개 역량) | | |
| --- | --- | --- |
| 성과 관련 역량<br>(Delivery Related) | 대인 관계 역량<br>(Interpersonal) | 전략적 역량<br>(Strategic) |
| 1.성취 중심<br>(Achievement Focus) | 1.고객 중심<br>(Client Focus) | 1.재능 개발<br>(Developing Talent) |
| 2.분석적 사고<br>(Analytical Thinking) | 2.외교적 감각<br>(Diplomatic Sensitivity) | 2.조직 우선<br>(Organisational Alignment) |
| 3.문서 기획<br>(Drafting Skills) | 3.영향력<br>(Influencing) | 3.전략적 네트워킹<br>(Strategic Networking) |
| 4.유연한 사고<br>(Flexible Thinking) | 4.협상력<br>(Negotiating) | 4.전략적 사고<br>(Strategic Thinking) |
| 5.자원 관리<br>(Managing Resources) | 5.조직 파악<br>(Organisational Knowledge) | |
| 6.팀워크와 팀 리더십<br>(Teamwork and Team Leadership) | | |

역량 평가는 조직 목표를 잘 달성할 수 있는 고성과자를 발견하거나 육성하는 데 유용하다. 그래서 신입 사원 채용이나 경력 직원의 선발에 쓰이며, 조직 목표를 좀 더 잘 달성할 수 있는 잠재력이 있는 인재를 승진시키는 데 활용된다. 어떤 사람에게 특정 지위를 부여했을 때 그가 과연 그 업무를 잘 수행해 조직 목표를 달성하는 데 기여할 수 있는지 그 여부를 판단하는 데 활용된다. 기업에서는 임원급 승진 심사를 하거나 외부에서 신규 간부를 특별 채용할 때에 빠짐없이 적용된다.

역량이라는 개념이 확산되기 이전의 인사 정책이나 인사 제도의 설계 및 운용에서 그 중심 개념은 연공서열 Seniority 이나 직무 성과 Job 였다. 반면 최근에는 잠재력을 가진 역량이 인재 선발이나 승진에서 중요한 기준으로 채택되고 있다. 각 분야에서의 고성과자가 발휘하는 행동 특성, 즉 역량을 규명하고 이것을 인재의 선발, 배치, 평가 및 육성 등에 활용하는 것을 역량 기반의 인적 자원 관리 CBHRM, Competency-based Human Resource Management 라고
한다.

따라서 역량 평가 제도가 등장하기 전까지는 이력과 경력을 바탕으로 간
단한 면접을 통해 인재를 선발했다. 그러나 이러한 방식으로 선발한 사람이
조직의 목표 달성에 별다른 도움이 되지 않을뿐더러 고성과자가 되는 일이
드물어지면서 심층 역량 면접 방식으로 인재 선발 방식이 바뀌고 있다. 즉,
그 사람이 경험한 사실을 기반으로 그 사람이 어떻게 행동하고 어떻게 생각
했는지 여러 각도에서 심층적으로 질문해 선발 이후에 발휘할 것으로 기대
하는 그의 숨은 역량을 찾아내는 방식이다.

이와 같이 역량이 중요하게 대두된 이유를, 경영 및 인사 환경의 변화에
서 찾을 수 있는데, 구체적으로 살펴보면 다음과 같다. 첫째, 경쟁 환경에서
성과가 중요시되면서 높은 성과를 결정짓는 요인이 무엇인지에 대한 관심
이 높아졌다. 높은 직무 성과는 개인의 학력, 보유하고 있는 지식이나 기술
등의 요인 그 자체에 의해 좌우되는 것이 아니라 그러한 능력들이 종합되어
업무 행동으로 발휘될 때 나타난다.

둘째, 기술 혁신으로 인해 신규 직무와 도태 직무가 생겨나고 있으며, 동
일 직무라 해도 그 수행 방법이 지속적으로 변화하고 있기 때문에 기존에
학습된 지식이나 기술이 직무에 적합하지 않을 수도 있다. 이에 비해 고성
과자가 발휘하는 행동 특성은 직무 수행 방법이나 절차가 바뀌더라도 상대
적으로 쉽게 바뀌지 않는 안정적인 Stable 특성이 있다. 이러한 역량의 안정
적인 특성이야말로 빠르게 변화하는 시대에도 여전히 유용한 선발 기준이
되는 이유다.

셋째, 과거와는 달리 인적 자원의 교육 수준이 높고, 학습 및 훈련의 기회가 많기 때문에 지식이나 기술 등의 기본 수준이 평준화되고 있다. 성과의 차이는 결국 개인의 올바른 의지와 행동, 즉 역량의 차이에 기인한다는 점에서 인재를 확보하고 양성하기 위해 각 조직은 역량을 정의하고 인사 관리의 기본 축으로 활용하게 되었다.

필자가 엡스타인의 언행을 통해 194년의 저주를 파괴한 그의 고성과를 낸 7대 전략을 역량 평가 방식으로 조망해보려는 이유가 여기에 있다.

## 전략 1: 저주는 허상이고 패배주의의 그림자일 뿐이다

야구는 심리적인 요인에 크게 좌우하는 멘탈 게임이다. 야구에 징크스와 저주가 유난히 많은 것도 이런 이유 때문이다. 엡스타인은 "세상에 깨지지 않는 징크스와 저주는 없다"라고 단호하게 말했다. 이러한 엡스타인의 확신은 선수들에게 긍정의 힘을 불어넣었다. 오랜 저주가 뒤덮고 있는 시카고 컵스의 월드 시리즈 우승은 패배주의를 걷어내야만 가능하다고 믿었기 때문이다. 엡스타인은 저주란 실체가 없는 허상虛像이고, 패배주의의 그림자에 불과하다고 보았다. 따라서 그는 컵스의 패배주의를 걷어내야만 그 그림자인 저주도 사라진다고 확신했다. 엡스타인은 패배주의를 극복하기 위해 팀뿐만 아니라 시카고 전체에도 '할 수 있다'는 확신을 불어넣었다. 엡스타인은 2011년 10월 26일에 시카고 컵스 사장이 된 이후 가진 첫 기자

회견에서도 "저주"라는 말을 한 번도 꺼내지 않았다. 시카고의 한 시민이 그에게 "제 아버지는 87세입니다. 그는 일생 동안 시카고 컵스의 월드 시리즈 우승을 본 적이 없어요. 제가 아버지에게 뭐라고 말해야 하나요?"라고 묻기도 했다. 이에 대해 엡스타인은 "아버지에게 비타민을 잘 챙겨 드시라고 하세요. 몇 년 안에 우승을 볼 수 있을 겁니다"라고 답했다.

그는 저주에 대한 말들을 컵스가 수용해야 하는 것이라고 말한다. "여러분은 저주라는 말을 듣지 않을 수가 없어요." 엡스타인은 말한다. "젊은 선수들조차도 저주에 노출되어왔어요." 그러나 엡스타인은 어떻게 저주를 깰 수 있는지 알고 있었다. "문화적 변화는 쉽게 이루어지는 것이 아닙니다. 그건 속일 수도 없고, 힘들게 이루어지는 것입니다. 우리는 준비가 되어 있습니다." 엡스타인은 이 인터뷰에서 저주에 대한 인식과 이를 극복하는 방안에 대해 자신의 생각을 분명하게 밝혔다.

"저는 저주를 믿지 않습니다. 그리고 저는 제가 야구에서 저주가 존재하지 않는다는 것을 입증하는 데 일조했다고 생각합니다. 그러나 여러분이 어떤 구단에서 제대로 일을 하지 않아서 오랫동안 월드 시리즈에서 이기지 못했다는 사실을 인정해야 한다고 생각합니다. 이는 제가 보스턴에서 취했던 태도입니다. 그것은 저주가 아니었습니다. 그것은 우리가 제대로 일을 하지 않고 있었다는 사실이었습니다. 그리고 우리는 역사적으로 월드 시리즈 우승을 방해한 몇몇 중요시 여겨온 것들을 찾아냈고 그것을 없애는 데 노력했습니다. 그것이 제가 시카고에서 할 일 중 하나일 겁니다."

엡스타인은 저주를 실체가 없는 허상으로 보았다. 구체적으로는 팀 전체에 팽배해 있는 패배주의 그림자가 바로 저주라고 인식했다. 따라서 저주를 깨려면 패배주의를 걷어내야 비로소 저주가 사라진다는 점을 명확하게 인식하고 있었다. 또한 팀의 문제점을 파악하고 개선함으로써 성과를 높이는 방식으로 패배주의를 극복할 수 있다고 확신했다. 따라서 그가 전체 맥락을 토대로 각 분야를 분석함으로써 그 중요도를 명확하게 구별했기에 그의 분석적 사고 역량은 매우우수[5점]이다.

> 분석적 사고(Analytical Thinking) 역량 : 복잡한 상황에서 여러 요인 간의 패턴을 이해하고, 핵심 사항 또는 숨겨져 있는 쟁점을 정확하게 파악할 수 있는 것

엡스타인은 저주를 깨트리기 위해서는 무엇보다 '실행'을 강조했다. 그는 "비전과 공존이라는 개념은 실천하지 않으면 그저 단어일 뿐입니다. 우리는 우리의 실행이 우리의 말보다 훨씬 더 중요하다는 것을 이해하고 있습니다"고 말했다.

엡스타인은 2012년 트레이드 마감 시간을 앞두고 젊은 선발 투수 카일 헨드릭스를 얻기 위해 라이언 뎀스터를 트레이드했다. 2014년 12월에는 그는 에이스인 존 레스터를 영입하는 계약을 마무리 짓기 위해 예거마이스터[독일산 알코올 도수 35% 주류]를 마셨다. "그건 제 생각은 아니었지만 좋은 선수를 영입하기 위해선 해야 할 것을 해야죠." 엡스타인은 어깨를 약간 들어 올리면서 말한다.

그는 존 레스터의 포수이자 어린 선수들을 가르칠 수 있는 데이비드 로스도 영입한다. 그는 라이벌인 세인트루이스 카디널스로부터 존 래키를 영입했고, 팬을 잃을 것을 감수하면서도 가정 폭력 사건으로 징계를 받은 강속구 마무리 투수인 아롤디스 채프먼을 영입했다.

엡스타인은 시카고 컵스에 팽배해 있는 패배주의를 걷어내기 위한 방안

으로 월드 시리즈 우승을 해본 경력 선수를 영입하는 방식을 선택했다. 엡스타인이 존 래키, 제이슨 헤이워드, 벤 조브리스트 세 명의 자유 계약 선수를 영입한 이유였다. 마치 2003년과 2004년에 레드삭스가 커트 실링과 키스 폴크를 영입했던 것과 같았다. 경력 선수를, 패배주의가 만연해 있는 신인 선수들과 함께 하게 함으로써 저주를 극복하는 용기와 실행력을 키우기 위함이었다.

엡스타인은 저주를 파괴하기 위해 자신만의 대안을 제시했다. 팀 성적을 효과적으로 높이는 방안으로 월드 시리즈 우승 경험이 있는 경력 선수를 영입했다. 선수들로 하여금 다른 선수들이 갖고 있는 저주에 대한 두려움을 극복하게 함으로써 월드 시리즈 우승을 이뤄냈다. 사업을 긍정적으로 발전시키기 위해 예상되는 위험을 기꺼이 감수하고 적시에 성과를 냈다. 성취 중심 역량이 매우우수[5점]다.

> 성취 중심(Achievement Focus) 역량 : 자신의 업무에 대한 책임감을 갖고 자신의 방식으로 주어진 기회와 행동을 효과적으로 활용해 적절한 시기에 성과를 창출하고, 최소한의 마감 시간 이내에 업무를 완료해내는 것

## 전략 2: 야구의 속성과 승리 방식을 정확하게 인식하다

"야구에는 지름길은 없다."

"야구는 실패를 통해 완성된다."

"타자는 승리를 쟁취하고, 투수와 수비수는 그 승리를 지킨다."

엡스타인은 야구의 속성을 이렇게 파악하고 있었다. 따라서 그는 타자와

야수는 육성하고, 투수는 영입하는 2 트랙으로 선수를 구성했다. 또한 팜 시스템을 통해 육성된 신인 선수들이 중요한 순간에 위기를 극복할 수 있게 하기 위해 경력 선수를 함께 영입하고 등용했다. 벤 조브리스트, 존 레스터, 데이비드 로스, 커트 실링 등을 영입해 월드 시리즈 우승에 큰 역할을 하게 한 것이다.

그는 또한 선수가 실패할 때 그를 잡아주고 이끌어주는 리더로서 코치, 감독, 단장, 사장의 역할을 중요하게 보았다. 특히 선수들과 가장 가까이에서 이끌어주는 감독이 갖추어야 할 가장 큰 덕목으로 이러한 리더십을 꼽았다. 보스턴 레드삭스 시절에 테리 프랑코나 감독을, 시카고 컵스 시절 조 매든 감독을 영입한 가장 중요한 이유였다. 그는 야구의 속성을 제대로 알고, 팀에 적합한 선수를 선발하는 자신만의 기준을 설정하고 그 기준에 따라서 선수를 선발·육성했다.

그는 인터뷰를 통해 1년 동안 치러지는 정규 시즌과 포스트시즌에서의 특성을 밝혔다. "글쎄요, 저희는 정확히 몇 점을 낼 것인가까지는 생각하지 않지만 적어도 저희의 기대는 작년보다 더 적은 점수를 허용하는 것입니다. 저희가 더 적은 점수를 낼 가능성도 있습니다. 중요한 것은 그 차이겠죠."

그는 야구는 워낙 민감하고 변수가 많아 늘 선수들을 예의 주시하고, 그들이 최상의 컨디션을 발휘할 수 있게 해야 한다고 강조한다. "선수들이 느끼는 것에 따라가야 합니다. 한 선수의 무릎이 트레이닝 때는 매우 좋았습니다. 그래도 그가 준비가 되었는지에 대해 섣불리 말하기는 어려웠습니다. 지금은 준비가 되지 않았습니다. 그는 당시에는 느낌이 좋았습니다. 그러나 지금은 공을 따라가지도 못합니다. 이 사실을 받아들여야만 합니다."

엡스타인은 선수 개개인의 특성과 그만의 특별함을 인정한다. "코코 크리프는 자니 데이먼이 아닙니다. 그는 또 다른 선수입니다. 그는 그만의 장점을 가지고 있습니다. 자니는 우리 팀에서 지난 4년 동안 뛰어난 리드오프이자 중견수였습니다. 코코 크리프에게 그의 자리를 대신해달라는 것은 부당한 부탁입니다. 그는 그만의 방법으로 해낼 것입니다."

"우리는 내년에 95게임을 이기고 포스트시즌에 가기를 원합니다. 우리는 그것을 매년 도전하고 싶습니다." 정규 시즌에서 95승이 포스트시즌이 진출할 수 있는 기준인 것이다. "포스트시즌에서 이기는 것과 지는 것은 종이 한 장 차이입니다. 우리는 10월에 압도당했고, 실제로 그랬습니다. 세 경기 동안 그랬다면 집에 가는 것이 당연합니다"라고 말했다.

"저희는 지난 9월, 10월에 시즌 첫 5개월간 보여줬던 공격적인 팀이 아니었습니다. 그 이유를 밝히는 것이 중요합니다. 피로 때문인가요? 나이 때문인가요? 지난 30일 동안 30게임을 해서 그런 건가요?" 엡스타인은 장기간 실적이 곤두박질 칠 때에는 그 원인을 다양하게 찾으려고 노력한다.

엡스타인은 효과적인 업무 수행을 위해 조직 전반을 잘 운영하는 것이 중요함을 인식하고 있다. 특히 인적 자원이나 물적 자원을 야구의 속성에 맞게 준비시켜야 함을 강조한다. 내·외부적인 요구에 대해 조직의 대응 능력을 키우기 위해 직원들을 재배치하고, 우선순위를 재정립하는 자원 관리 역량이 매우우수5점다.

자원 관리(Managing Resources) 역량 : 효과적인 업무 수행에 관한 사항을 결정하기 위해 조직 전반의 인력, 재무 등 운영 자원을 이해하는 것

## 전략 3: 조직 내부에 '소통의 실크로드'를 구축하다

　　메이저리그 구단은 구단주, 운영 사장, 단장과 프런트, 감독과 코치, 선수단 그리고 팬들까지 다양한 조직이 존재한다. 조직마다 해야 할 역할이 나뉘어 있다. 구단주는 재원을 책임지고, 운영 사장은 프런트와 관중 수입, 선수단 등 전반적인 운영과 경영적인 면을 책임진다. 단장은 선수단 구성과 팀 운영 권한을 행사한다. 감독은 코치들의 보좌를 받아 경기가 펼쳐지는 경기장에서 선발진 구성과 대타 기용 등 실제 경기 전략을 책임진다. 그리고 주장 및 경력 선수는 그라운드에서 경험이 적은 후배 선수들이 경기에 집중해 평소 실력을 발휘할 수 있도록 분위기를 조성해야 한다.

　　엡스타인은 각 조직과 구성원의 역할을 존중한다. 각 조직은 구단의 목표와 비전을 공유하고, 그 목표와 비전을 함께 추구해야만 비로소 승리라는 성과를 낼 수 있다고 굳게 믿고 있다. 각 조직이 화합할 때 비로소 하나의 팀 one team 이 될 수 있다고 믿는다. 따라서 1승을 얻기 위해서는 조직 간의 소통이 원활해야 한다. 따라서 조직 간의 원활한 소통을 위해서는 조직을 관통시키는 소통 루트인 '소통의 실크로드'를 구축해야 함을 강조한다. 마치 동·서양을 막힘없이 왕래할 수 있게 한 실크로드 Silk Road 처럼 말이다. 원활한 소통만이 구성원의 개인 목표와 팀의 조직 목표를 일치시킬 수 있다는 것이다. 조직의 구성원들이 하나가 되어 조직 목표에 충실해야 하고, 그런 분위기를 조성하기 위해서는 '소통'이 중요하다는 것이 엡스타인의 확고한 경영 원칙의 핵심이다.

　　시카고 컵스가 2016년 월드 시리즈에서 우승할 수 있었던 요인 가운데 조직 간 원활한 소통이 크게 기여했다. 월드 시리즈 7차전에서 9회 말이 끝나자 경기가 펼쳐진 프로그레시브 필드는 갑작스럽게 내린 비로 인해 경기가 17분 동안 중단되었다. 경기 중단으로 선수와 감독은 모두 클럽 하우스로 모였다. 이날 양 팀의 클럽 하우스의 모습은 확연히 달랐다. 엡스타인 사장은 클럽 하우스를 찾아가서 선수들을 격려했다. 그는 선수들과 함께 "우리는 해낼 것이다", "가서 점수를 내자"며 외쳤다. 선수들에게 자신감과 긍정의 힘을 불어넣은 것이다.

시카고 컵스에는 월드 시리즈 경기에 처음 출전하는 신인 선수가 유난히 많았다. 엡스타인이 수년간 유망 선수를 집중적으로 육성해왔기 때문이다. 에디슨 러셀, 하비에르 바에즈, 크리스 브리아이언트, 앤서니 리조가 그들이다. 2015년 캔자스시티 로열스 소속으로 월드 시리즈 우승 반지를 낀 벤 조브리스트가 젊은 선수들을 모아놓고 한 선수씩 등을 가볍게 토닥거리며 자신의 경험을 말하고 격려하는 모습이 눈에 띄었다. 젊은 선수들은 벤 조브리스트의 말에 자신감을 갖는 분위기였다. 그는 10회 초 안타를 쳐서 결승 타점을 올려 월드 시리즈 최우수 선수MVP에 선정되었다. 경기가 끝난 후 벤 조브리스트는 인터뷰에서 "심장이 터질 듯이 싸웠다"라고 소감을 밝혔다. 그가 클럽 하우스에서 컵스의 젊은 선수들에게 무슨 말을 했는지를 짐작할 수 있었다. "끝날 때까지 공 하나만 보고 끝까지 최선을 다하면 이긴다. 이런 기회는 평생 다시 오지 않을 것이다. 최선을 다하자"였을 것이다.

이날 선발 투수로 뛰었던 존 레스터도 아직 경기에 투입되지 않아 등판 가능성이 있는 에드워드 주니어와 몽고메리에게 다가갔다. 클리블랜드 선수들의 특징과 투구 패턴 등에 대해 조언하면서 격려하는 모습이 눈에 띄었다.

반면에 클리블랜드 클럽 하우스에서 편하게 휴식을 취하고 있는 선수들에게 프랑코나 감독과 코치들이 뭔가를 지시하는 모습이 보였다. 드디어 비가 그치고 경기가 재개되었다. 결국 10회 초 공격에서 컵스는 슈와버의 안타와 브라이언트의 희생 진루타, 리조의 고의사구로 2사 1루와 2루 상황에서 조브리스트가 적시 2루타를 때려 2루 주자를 홈으로 불러들인 끝에 역전했다.

다시 몬테로의 안타로 8:6 2점 차로 앞서 나가기 시작했다. 10회 말 수비에서 컵스의 투수 에드워드 주니어와 몽고메리가 1점을 잘 막아내서 결국 8:7로 승리했다. 비로 인해 17분간 경기가 중단되었을 때 평소 선수들 간 화합을 강조한 엡스타인의 소통의 실크로드가 제대로 역할을 한 셈이다.

"아니요, 저는 힘이 다 소진되지 않았습니다. 저는 게임에 엄청난 열정을 가지고 있습니다. 저는 게임에 많은 희생을 하고 있습니다. 저는 미래에 조직을 이끌어갈 자리에 또다시 서게 될 거라고 믿고 있지만, 아직 당장의 계획은 없습니다. 이번 주의 목표는 구성원의 적응을 돕고 제가 정말 아끼는 야구 운영 스태프들이 단장 회의를 준비할 수 있도록 도와주는 겁니다."

엡스타인은 세이버메트릭스를 통해 선발한 선수의 자질을 중시하지만 팀의 화합을 해치면 그가 비록 스타플레이어라고 하더라도 가차 없이 내보낸다. 보스턴 레드삭스 시절 팀의 간판스타던 노마 가르시아파라를 방출한 것을 보면 그가 얼마나 팀 화합을 중요시했는지 알 수 있다.

엡스타인이 소통 능력을 발휘해 개인 목표와 조직 목표를 하나가 되게 하는 것은, 자신의 선호도 또는 직업적인 이익에 앞서 자신의 행동을 조직의 요구와 조직 목표에 맞추는 조직 우선 역량을 보여준 것이다. 조직의 니즈와 전략의 방향에 맞게 인력, 처리 과정, 조직 구조를 우선시하도록 하는 조직 우선 역량이 매우우수[5점] 수준이다.

조직 우선(Organisational Alignment) 역량 : 자신의 선호도 또는 직업적인 이익에 앞서 자신의 행동을 조직의 요구와 조직 목표에 맞추는 것

야구는 실제 9명의 선수만이 경기를 펼친다. 팀당 25명의 로스터를 정해 그 안에 있는 선수들로 경기를 치른다. 9월부터는 확장 로스터가 되어 40명을 선발한다. 구단 내에는 선수뿐 아니라 프런트 직원 등 수백 명이 근무한다. 엡스타인은 시카고 컵스가 '염소의 저주'를 깨고 월드 시리즈에서 우승한 다음 인터뷰에서 이렇게 말했다. "나는 컵스 일원이라는 사실이 자랑스럽다. 정말 영광이다. 나는 진짜 운이 좋았다. 내 뒤에는 100명이 넘는 직원들이 팀의 우승을 1순위 목표로 두고 달려왔다. 월드 시리즈 우승 뒤에는 아무도 보지 않을 때 묵묵히 자신의 일을 해내는 수천 명의 노고와 수천 개의 희생이 있다"며 공을 직원들에게 돌렸다.

메이저리그에서 월드 시리즈 우승 팀에게 주는 우승 배당금을 보면 그가 얼마나 팀원을 배려하는지 잘 알 수 있다. 메이저리그는 2016년 월드 시리즈 우승 배당금으로 우승 팀 컵스에게 총 2,758만 6,019달러[약 320억 원]를 지급했다. 그런데 실제 컵스의 1인당 배당금은 36만 8,872달러[약 4억3000만원]였다. 이 금액은 2015년 우승 팀인 캔자스시티 로열스의 37만 69달러, 2014년 우승팀인 샌프란시스코 자이언트의 38만 8,060달러에 못 미치는 금액이다. 왜냐하면 다른 팀은 엔트리 선수들을 중심으로 배당금을 나눠준 반면 시카고 컵스는 선수뿐만 아니라 스태프 전원인 66명이 공평하게 배당금을 나눴기 때문이다. 엡스타인은 말뿐 아니라 행동으로 월드 시리즈 우승의 공

을 자신이 아닌 선수단과 프런트 직원 등 모든 직원들에게 돌린 것이다.

제드 호이어 컵스 단장은 "엡스타인은 항상 자신을 위해 일하는 직원들에게 존경을 표한다. 그들의 말을 하나하나 들어주기 위해 항상 노력한다. 또한 모든 의사결정 과정에 가능한 한 많은 사람이 참여해 더 나은 방향으로 나아가게 한다"고 말했다.

엡스타인은 몇몇 스타 선수를 중심으로 팀을 운영하기보다는 선수의 스카우트와 육성을 동시에 해내는 방식을 선호한다. 구단의 각 조직이 각자의 역할을 잘 해서 조화롭게 성과를 내는 것을 목표로 한다. 마치 자동차 조립 과정에서 공정별로 작업이 진행되어 완성차를 만들어내는 컨베이어시스템과 같이 말이다. 에디슨 러셀, 하비에르 바에즈, 크리스 브라이언트, 앤서니 리조 등은 유망주로 육성한 젊은 선수들이다. 존 레스터, 벤 조브리스트, 제이슨 헤이워드 등 꼭 필요한 선수는 많은 돈을 들여서라도 영입했다. 현장에서 선수 기용과 경기 운영을 책임지는 명장 조 매든 감독 영입도 그의 작품이었다.

선수를 평가할 때 팬들의 사랑이나 정 같은 요소는 쓸데없다고 보는 것처럼 철저히 효율성을 중시하는 철학이 있었다. "매니 비잉 매니"Manny being Manny는 "매니는 원래 그래요"라는 뜻이다. 엡스타인은, 2004년 월드 시리즈 최우수 선수MVP로 선정된 강타자로 팬들의 사랑을 받았으나 기행을 일삼으면서 팀 화합을 해치고 고액 연봉을 받던 매니 라미레즈를 내치고 제이슨 베이를 받아왔다. "95승은 가볍게 볼 일이 아닙니다. 우리 조직의 모든 자원이 11게임을 더 이기기 위해서 쓰일 겁니다."

알폰소 소리아노와 카를로스 잠브라노를 방출할 권한이 있느냐는 질문에 대해 엡스타인은 다음과 같이 답변했다. "네, 아마도요. 그럴 겁니다. 매몰 비용이라는 개념을 이해하고 앞으로 나아가는 것은 좋은 구단의 특징 중 하나입니다. 앞으로 나아가야 할 때 이별함으로써 이득을 취할 수 있다는 것을 이해해야 합니다."

"저는 저희가 일관되게 승리할 수 있는 팀, 즉 10월에 야구를 하고, 결국엔 월드 시리즈를 우승할 수 있는 팀을 만들 수 있다고 생각합니다."

"제 선택을 어떤 하나의 요인 또는 한 사람의 원인으로 보는 것은 타당하지 않습니다. 그 결정에는 많은 요인들이 있었습니다."

"일의 모든 면과 구단과 일을 제대로 할 수 있다는 자신의 능력을 진심으로 믿어야만 합니다."

엡스타인은 선수와 스태프 전원이 협력적 업무 처리를 위한 분위기를 조성하고 팀을 한 방향으로 이끌기 위해 조직 가치를 공유한다. 책임에 맞게 권한을 위임하고 직원이 과업을 책임지고 수행하도록 함으로써 구성원들이 조직 목표를 함께 효율적으로 수행하게 했기에 팀워크와 팀 리더십 역량이 매우우수5점다.

> 팀워크와 팀 리더십(Teamwork and Team Leadership) 역량 : 다른 사람과 함께 일하는 협력적 업무 분위기를 촉진하고, 팀을 한 방향으로 이끌어가기 위해 조직 가치를 공유하고, 조직 목표를 함께 효율적으로 수행하는 것

## 전략 4: '유망주' 육성과 '열린 경쟁 구조'로 지속 성장을 모색하다

엡스타인은 팀의 단기 성과에 연연하지 않았다. 그보다는 장기적

인 비전과 조직 미션을 광범위하게 조망하려 했다. 장기적인 관점에서 잠재력 있는 유망 선수를 선발하고 육성하는 팜 시스템으로 팀의 미래를 준비해 왔다. 팀 성적이 형편없을 때일수록 현재의 성적보다는 미래를 준비해야 한다고 믿고 팜 시스템에 집중했다.

엡스타인은 레드삭스 단장이 된 이후에 신인 선수를 육성하는 팜 랭킹을 최하위에서 최상위로 끌어올렸다. 그는 팜 시스템으로 육성한 선수를 당장의 이익을 위해 트레이드하지는 않았다. 보스턴 레드삭스 프랜차이즈 역사에서 엡스타인 이전과 이후로 가장 바뀐 점이 있다면 팜 시스템 관리라고 할 수 있다. 엡스타인이 얼마나 팜 시스템에 집중했는지 확인해보자.

보스턴 레드삭스 단장 시절 레드삭스는 2002년 팜 랭킹이 27위였다. 그가 단장으로 부임한 이후에는 팜 랭킹이 상승하기 시작한다. 2003년에는 23위였고, 팀 성적은 지구 2위였다. 첫 번째 월드 시리즈에서 우승한 2004년에는 21위로 약간 상승했다. 2004년의 월드 시리즈 우승은 팜 시스템의 효과라고 보기엔 무리가 있다. 그 이후 2005년에는 팜 랭킹 5위였고, 성적은 지구 2위였으나 디비전 시리즈에서 패했다. 2006년에도 팜 랭킹은 9위였고, 지구 2위였으나 디비전 시리즈에서 패했다.

엡스타인은 2005년부터 꾸준히 팜 시스템을 강화했다. 2007년에는 팜 랭킹이 2위였고, 지구 1위를 차지했다. 그리고 그해 2번째 월드 시리즈에서 우승했다. 2007년 월드 시리즈 우승의 원인은 분명 그동안 집중한 팜 시스템에서 찾을 수 있을 것이다. 그러고는 엡스타인이 구단주, 사장과 갈등을 일으키던 2010년, 2011년에는 팜 랭킹이 11위, 18위로 떨어졌다.

엡스타인이 시카고 컵스 사장되었을 때에는 컵스는 지구 성적이 최하위인 5위였다. 엡스타인은 컵스의 팀 혁신과 재건을 팜 시스템에서 찾았다. 성적은 줄곧 최하위였지만 그럴수록 장기적인 관점에서 팜 시스템에 더욱 집중했다. 그가 컵스 사장으로 부임하기 이전인 2010년, 2011년에는 컵스의 팜 랭킹이 모두 20위였다. 사장으로 부임한 첫해인 2012년에는 5위로 수직 상승을 한다. 2013년에는 4위, 2014년에는 1위를 차지했다. 2015년에는 4위로 유망한 신인 선수를 적극적으로 발굴·양성하고, 무엇보다도 이들을 적극 등용하는 정책을 펼쳤다. 그 결과 2015년에는 97승 65패로 지구에서 3위로 성적이 올랐다. 와일드 카드 결정전에서 피츠버그 파이리츠를 물리치고 디비전 시리즈에 진출했다. 디비전 시리즈에서는 그해 승률 1위 팀인 세인트루이스 카디널스를 3승 1패로 물리쳤다. 챔피언 시리즈에서 뉴욕 메츠를 만났다. 컵스는 메츠에게 4연패로 발목을 잡혔다. 당시 뉴욕 메츠의 '다니엘 머피'라는 선수가 맹활약해 4연패를 당하자 시카고 팬들 사이에서는 저주를 내린 염소 '머피'가 사람으로 환생해서 컵스의 월드 시리즈 진출을 막고 있다고까지 했다. '염소의 저주'가 컵스 팬들에게는 얼마나 깊이 뿌리내리고 있는지 알 수 있다.

엡스타인은 보스턴 레드삭스 단장 시절 2004년 월드 시리즈 우승 이후와 2007년 우승한 이후의 성적이 떨어졌던 점을 잊지 않고 있다. 그는 팀이 견고하게 명문 구단이 되려면 3가지 요소가 있어야 함을 절실하게 느꼈다. 첫째, 성과를 내는 효과성이 있어야 한다. 둘째, 효율적으로 움직이고 구성원들이 편해야 한다. 셋째 지속적으로 성장해야 한다. 따라서 엡스타인은 조직의 장기 비전과 조직 미션을 조망하고, 주요 자원을 유망 선수 육성에 투자해야 하는 이유를 잘 알고 있었다.

컵스 재건에 관해 엡스타인은 이렇게 말했다. "여기 와서 멋진 점은, 우리는 다시 시작할 권한이 있다는 것이었어요. 저희는 재능을 찾기 위해 가능한 한 모든 곳을 찾았어요. 우리는 투수들을 싸게 사서 다시 개발하고, 그다음 젊은 선수들을 위해 그들을 이적시킨 거예요. 저희는 큰 재능의 손실을 보는 거죠." 메이저리그에서는 선수 한 명을 영입하는 데 몇 억 달러씩 쓰는데 엡스타인은 숨은 인재를 저렴하게 영입해 키워서 성과를 냈다. 22세에 불과한 에디슨 러셀부터 하비에르 바에즈, 크리스 브라이언트 등 젊은 선수를 싼 값에 데려와 키운 것이다.

"저희의 목표는 선수 개발에서 최고의 스카우팅 부서를 만드는 것입니다. 우리는 야구를 하는 데 '컵스만의 방식'을 정의하고 실현시킬 겁니다. 그리고 우리는 마이너리그 시스템을 통해 '컵스 방식'으로 훈련된 선수들의 일정한 유입이 있을 때까지 쉬지 않을 겁니다."

엡스타인은 팀이 단기적인 성과를 거두었다고 해도 성과를 유지하고 지속적으로 발전하려면 장기적인 관점에서의 전략이 필요함을 알고 있었다. 장기적 성과를 내기 위해서는 주요 자원을 어디에 우선적으로 집중해야 하는지에 대해 알고 있었던 것이다. 우선순위를 정해 앞으로 나아갈 길을 정하고 좀 더 크게 생각하는 전략적 사고 역량이 매우우수⁵점다.

> 전략적 사고(Strategic Thinking) 역량 : 조직의 장기 비전과 조직 미션을 광범위하게 조망해 개인과 단체가 주요 자원을 어디에 투자하고 집중해야 하는지 결정하는 것

"자신의 화려했던 과거를 생각하며 사는 사람보다 슬픈 것은 없습니다." 그는 강조한다. "만약 당신이 당신의 인생을 그 화려했던 과거에 대해 생각하며 살거나, 인위적으로 만들려고 하거나 다듬으려고 한다면, 당신은 제대

로 살아온 것이 아닙니다."

엡스타인은 그가 오래전에 유망주로 영입했던 레드삭스의 어린 선수들을 늘 주시한다. "제가 TV 채널을 돌릴 때 보거츠, 베츠 또는 브래들리가 나오면 다른 누가 나올 때보다 더 오래 머뭅니다." 그는 말한다. "저는 아직도 레드삭스 야구 운영 팀에 가까운 친구들이 많이 있어요."

2015년 사이영 상 수상자인 제이크 아리에타는 엡스타인이 승리하는 법을 아는 것이 우연이 아니라고 말한다. "엡스타인에게는 식스 센스가 있어요." 아리에타가 말한다. "그는 재능을 찾는 탁월한 요령이 있을 뿐만 아니라 재능을 기획하고 어떻게 가능성 있는 선수들을 매우 좋은 선수로 키울 수 있는지에 대한 뛰어난 이해력을 가지고 있어요."

2016년 9월 25일 자의 〈보스턴글로브〉와의 인터뷰에서 엡스타인은 올해의 컵스는 2004년의 레드삭스는 떠올리게 한다면서 "비슷한 감정을 많이 느낍니다"라고 말했다.

엡스타인은 시카고 컵스가 지속적으로 발전할 수 있는 동력을 유망주 육성과 신인 선수와 고참 선수들 간의 조화에서 찾았다. 그는 목표를 달성하기 위해 팜 시스템을 꾸준히 장기간 강화시켜왔다. "제 생각에 미래는 밝습니다. 우리는 우리가 정말로 의지할 수 있는 역할을 1년 혹은 수년 후에 언제든지 맡아줄 어린 선수들을 데리고 있습니다. 어린 선수들에게만 의지하게 되는 극단적인 재건을 할 것 같지는 않습니다. 그러나 동시에 어린 선수들과 저희 팜 시스템을 통해 검증된 선수들을 1군에서 통합하는 것이 저희의 오랜 목표였습니다. 저는 여러분이 내년이면 그 이상의 것을 볼 수 있을 거라 믿습니다."

2016년 9월 23일에 시카고 컵스는 라이벌 팀인 세인트루이스와의 경기에서 5:0으로 승리를 거두었다. 이날 경기에서 팜 출신인 브라이언트는 4타석 2안타 1득점, 리조는 5타석 3안타 1득점 등 맹활약을 펼쳤다.

"이것은 그들에게 타격 연습은 어떻게 해야 하는지 보여줄 수 있고 빅 리그 경험을 할 수 있는 기회입니다. 모든 게 다 맞아떨어집니다. 빅 리그, 교육적 리그, 우리 모두는 같은 조직의 일부이고, 이 선수들은 그리 멀리 동떨어져 있는 것이 아닙니다. 어젯밤이 좋은 사례입니다."

"우리는 운 좋게 한 번 포스트시즌에 간 이후에 몇 년간 잘 못하는 야구를 하려는 것이 아닙니다. 우리는 지속적인 성공을 원합니다."

"우리가 지속적으로 성공을 위한 기반을 쌓는다면, 그것은 결국 월드 시리즈로 이어질 겁니다. 그러나 그것은 한 번의 월드 시리즈에 그치지 않을 것입니다. 이것은 월드 시리즈를 기다리고 또 기다려온 컵스 팬들과 여러 세대의 많은 사람에게 영향을 미칠 겁니다. 레드삭스에서 있었던 두 번의 최고의 경험을 저는 여기서 재현할 기회가 있습니다."

엡스타인은 선수는 물론 팀원들까지 지식과 경험을 미래 재능으로 변환하도록 독려한다. 그는 구성원들에게 이러한 믿음을 줌으로써 자신의 잠재력을 충분히 발휘할 수 있도록 분위기를 조성한다. 조직 전반에 걸쳐 전문 지식을 공유하고 새로운 것을 배울 수 있도록 독려하는 재능 개발Developing Talent 역량이 매우우수5점다.

> 재능 개발(Developing Talent) 역량 : 조직 구성원의 지식과 경험을 미래 재능으로 변환되도록 독려하는 환경을 조성하는 것

## 전략 5: 잘못을 솔직히 인정하고 실패에서 크게 배우다

엡스타인은 실패를 원하지는 않지만 그렇다고 두려워하지도 않았다. 오히려 위기 상황에서 그는 자신만의 방식으로 위기를 극복하는 역량이 더욱 돋보였다. 2004년 보스턴 레드삭스 단장 시절 챔피언 시리즈에서 아메리칸리그 동부 지구 라이벌인 뉴욕 양키스에게 3연패 이후 내리 4연승을 하는 '리버스 스윕'으로 '밤비노의 저주'를 깼다. 7전 4선승제로 치러지는 챔피언 시리즈에서 3연패한 팀이 4연승을 한 사례는 야구 역사상 전무후무한 기록이었다. 2016년 시카고 컵스와 클리블랜드 인디언스의 7전 4선승제로 치러진 월드 시리즈에서도 클리블랜드가 4차전까지 3승 1패로 앞서고 있었다. 클리블랜드 입장에서는 4경기 가운데 1승만 더하면 우승컵을 거머쥔다. 반면, 컵스 입장에서는 남은 3연기를 모두 승리해야 우승할 수 있는 것이다. 그런데 그 결과는 놀랍게도 컵스가 3연승을 해 마침내 '염소의 저주'를 깨트린 것이다. 마치 한 편의 드라마와 같은 스토리로 우승을 차지했다. 여기서 엡스타인이 실패를 두려워하지 않고 위기에서 능력을 발휘하는 역량을 알 수 있다.

한편, 2004년 월드 시리즈에서 우승한 후 주전 선수인 페드로 마르티네스, 데릭 로, 올랜도 카브레라 등이 자유 계약 선수로 풀리자 이들을 잡지 않고 내보냈다. 엡스타인은 이들의 공백을 데이비드 웰스, 매트 클레멘트, 에드거 레테리아 등으로 메우려 했지만 대실패로 끝났다. 비싼 돈을 받고 온 세 선수는 모두 초라한 성격을 내며 '먹튀'로 전락했다. 엡스타인은 레드삭스에서 우승이라는 성공에도 불구하고 말년에 저지른 자신의 실수를 인정한다. "저는 슈퍼 팀을 만들기 위해 너무 서두르고, 우리가 조직으로서 잘 해왔던 것들 - 스카우팅, 선수 개발, 그리고 저평가된 선수들을 찾는 것-에 의지하기보다는 너무 공격적으로 선수들을 영입했어요.”

과연 무엇이 잘못될 수 있을까? “무엇이 잘못될 수 있을지 생각하면서 살아갈 순 없어요.” 엡스타인은 웃으면서 말한다. “개인적으로, 저는 실패를 경험해보았고, 실패가 별로 무섭지 않아요. 실패는 이 야구 게임에 있는 모든 사람에게 일어납니다. 그것은 계속 말할 만한 가치가 있는 것이 아닙니다. 집중할 만한 가치가 있는 점은, 바로 당신이 그 실패에 어떻게 대응하느냐 하는 것입니다.”

엡스타인은 자신이 잘못한 경우에는 솔직하게 인정하고 변명하지 않는다. 엡스타인이 자신이 영입한 선수들이 실적을 내지 못하는 것과 같이 자신의 잘못이 드러날 경우 재빨리 이를 인정하고 대처하는 면모를 보이는 것은 다른 이들에게 좋은 본보기다.

엡스타인은 자신을 비난하는 입장에도 귀를 기울인다. 다양한 의견을 듣고 가능한 한 긍정적인 방향으로 검토해 자신이 속한 조직이나 직무 요건을 변화시키려고 노력한다. 사업 전략을 조율하기 위해 새로운 아이디어와 전망을 공유하는 유연한 사고 역량이 우수[4점]다.

> 유연한 사고(Flexible Thinking) 역량 : 현안에 관한 반대 입장 또는 다양한 의견을 이해하고, 상황 변화의 요구에 적응함으로써 자신이 속한 조직이나 직무 요건의 변화를 쉽게 받아들여 변화시키는 것

엡스타인은 레드삭스 단장 시절에 “올해 우리는 95경기를 이기고 팀을 포스트시즌에 갈 수 있는 위치에 올려놓았습니다. 그러나 그것이 실현되지는 못했습니다”라고 말했다.

시카고 컵스로 가서는 "제게 야구는 전통이 있을 때 더 낫습니다. 야구는 역사가 있을 때 더 낫고, 야구는 사랑해주는 팬들이 있을 때 더 낫습니다. 야구는 이런 리글리 필드 구장에서 할 때 더 낫습니다. 야구는 낮에 할 때 더 낫습니다. 그리고 야구는 이길 때가 제일 좋습니다. 그것이 결국 제가 오늘 여기에 있는 이유입니다"라고 했다.

엡스타인은 야구의 속성상 타격과 수비에서 팀워크를 요구하는데, 투수 영입에서는 개인의 역량이 중요함을 인식해 스카우트를 하고, 공격과 수비에서는 팜 시스템을 통해 육성하는 2 트랙으로 선수를 육성하고 영입했다.

"이건 누구나 빠지고 싶어 하는 패턴이 아닙니다. 우리는 정말로 궁지에 빠져 있습니다. 쉽게 무언가를 하지 않는 것이 우리 팀의 색깔입니다."

"저는 누구든 자기 팀이 힘들어하는 모습을 보고 싶어 한다고 생각하지 않습니다. 저희가 정규 시즌 동안 역경을 극복했던 것이 저희에게 도움이 되었다고 생각합니다."

엡스타인은 조직의 실질적인 결정권자가 누구인지, 누가 그들에게 영향력을 행사할 수 있는지 자신이 속한 조직과 다른 조직의 구조를 이해한다. 복잡한 상황을 효과적이고 신중하게 다루기에 조직 파악 역량이 매우우수[5]다.

> 조직 파악(Organisational Knowledge) 역량 : 누가 실질적인 결정권자인지 또는 누가 그들에게 영향력을 행사할 수 있는지 등 자신이 속한 조직과 다른 조직의 구조를 이해하는 것

2011년 10월 시카고 컵스의 톰 리케츠 구단주는 엡스타인을 사장으로 선임한 이유를 다음과 같이 말했다. "10분 또는 15분 후에 저는 그가 이 일에 적합한 사람인 걸 알았습니다. 저는 이 일에 테오 엡스타인보다 더 나은

사람을 상상할 수 없습니다."

엡스타인은 "지난주에 많은 솔직한 대화를 나눴고, 조직과 일 그리고 이일이 저와 팀에게 맞는 것인지에 대해 많이 고심했습니다"라고 밝혔다.

레드삭스는 엡스타인에게 더 많은 권한과 연봉을 주는 것과 그를 내보내는 것 중 하나를 골라야만 하는 상황에 놓여 있었다. 마침내 엡스타인은 자신을 믿고 권한을 준 시카고 컵스 리케츠 구단주와 계약을 체결하고 보스턴 레드삭스를 떠나 시카고 컵스 사장이 되었다. 2011년 레드삭스의 놀랄 만한 성적 하락으로 인해 테리 프랑코나 감독이 물러나고 팀 내의 불협화음으로 인해 엡스타인도 단장 직에서 사퇴해 결국 시카고 컵스와 1,850만 달러에 5년 계약에 합의했다.

엡스타인은 자신의 위치에서 상대방이 자신에게 요구하는 것을 정확하게 파악하고 그 요구 사항을 달성하기 위해 자신에게 권한이 주어져야 한다는 점을 상대방에게 전달했다. 자신이 원하는 결과를 얻어내는 협상력 역량이 매우우수5점다.

> 협상력(Negotiating) 역량 : 윈-윈(win-win) 결과를 지향하기 위해 상대방을 정확하게 파악하고, 협상하는 동안 어떻게 대응할지 이해함으로써 자신이 원하는 결과를 얻어내는 것

## 전략 6: 고객의 요구를 우선시하다

엡스타인은 경기 외적인 부분에서도 끊임없이 혁신을 이끌었다. 보스턴 레드삭스 단장 시절인 2004년에 86년 만에 월드 시리즈에서 우승

함으로써 '밤비노의 저주'를 깬 이후에 홈구장인 펜웨이 파크를 전면 개·보수하는 작업에 들어갔다. 구장이 오래되다 보니 좌석이 부족하고 출입로가 협소한 점을 개선하는 공사였다. 관중석 통로를 확장하고 외야 좌석을 1,000석 정도 늘린다는 계획이었다. 우승으로 입장객이 훨씬 늘어날 것을 예측하고 수익을 높여야 한다는 경영상의 관점에서 공사의 필요성을 느꼈다. 관중이 늘어나면 구단의 수입이 증가하고 결과적으로 선수단의 분위기 개선이나 구단 발전을 도모할 수 있기 때문이다. 그러나 보스턴 레드삭스 팬들은 이러한 공사에 대해 반발했다. 이제 겨우 '밤비노의 저주'를 극복했는데 그 성지에 대공사를 한다는 게 말이 되느냐는 것이 주된 반대 이유였다. 펜웨이 파크 공사가 또 다른 '저주'가 되지는 않을까 하는 우려가 팬들의 마음에 깔려 있었다.

하지만 엡스타인은 단호했다. "나에게 미신이니 저주니 하는 말들이 통할 리가 없다"며 "빈틈없는 계획으로 팀 전력을 극대화한 뒤 수익을 최대화하는 것은 구단의 당연한 수순"이라고 말했다. 그는 보스턴 레드삭스에게는 뉴욕 양키스와 같이 새 구장을 짓지 않고 '소형 경기장, 고가 입장권' 전략이 적합한 것이라고 확신했다. 티켓이 귀할수록 열성팬들의 관심이 높아지고 입장권 가격이 올라가서 이윤을 더 낼 수 있기 때문이다. 엡스타인의 이런 전략으로 메이저리그 30구단 중 가장 적은 좌석을 보유한 레드삭스의 입장료 수입은 양키스에 이에 2위를 기록했다.

경기장을 찾아 경기를 관람하는 팬들의 요구 사항과 구단의 경영상의 여건 등을 고려해 경기장 개보수를 통해 관람객을 늘림으로써 구단에는 이익이 되도록 하는 것이 바로 고객 중심 Client Focus 역량이다.

2016년 11월 7일에 컵스는 투수인 제이슨 해멀에 대한 2017년 1,200만 달러의 연봉 옵션 실행을 거부했다. 해멀은 2016년 시즌 166.2이닝을 던지며 15승 10패에 평균 자책 3.83으로 호투했는데 자유 계약 시장에 나선 것이다. 그는 2014년 오클랜드 애슬레틱스로 트레이드되었다가 다시 컵스로 돌아왔다. 2년간 계약이 2016년 12월에 끝나는 것이다. 만약 컵스가 팀 옵션을 실행했다면 트레이드로 그를 다른 팀으로 보내고 그 대신 유망주를 받아 쓸 수 있었다. 하지만 엡스타인 사장은 해멀을 트레이드 카드로 사용하지 않겠다고 약속했고 그 약속을 지켰다.

해멀은 "다른 팀에서는 더 기회를 얻을 수도 있었다. 만약 컵스가 팀 옵션을 실행했다면 그대로 쉽게 내 커리어가 끝날 수도 있었다"고 했다. 해멀의 아내 엘리사 역시 "가족에게 잘 하는 것이 얼마나 선수에게 영향을 미치는지 알고 있다. 구단도 이번에 해멀을 놓아준 것에 파급 효과가 있을 것이다. 가족을 행복하게 해주면 선수들도 행복하고 이로 인해 더욱 활약할 수 있다"고 말하며 기뻐했다. 결국 그는 2017년 2월에 캔자스시티 로열스와 2년 1,600만 달러에 계약했고, 선발 투수로 뛸 예정이다. 엡스타인이 팀의 이익보다도 선수 개인을 먼저 배려하는 것을 잘 볼 수 있는 대목이다. 이번 결단으로 해멀의 아내 말대로 더 큰 파급 효과가 있을 것이다.

엡스타인은 조직의 외부는 물론 내부 고객의 요구와 관심을 적절한 대안을 통해 충족시키려 한다. 변화하는 고객의 요구를 최고로 만족시키기 위해 장기적 기회와 전략적 방향을 결정하는 고객 중심 역량이 매우우수[5점]다.

고객 중심(Client Focus) 역량 : 장·단기적으로 조직 내·외부 고객의 요구와 관심을 이해하고, 적절한 대안을 통해 고객의 요구를 충족시키는 것

"제 생각에 보스턴에서의 첫해는 좀 휴식을 취해야 하고 쉬어야 한다는 생각이 들 수 있습니다. 그는 이곳의 열정적인 팬들 때문에 한 발짝 물러설 수밖에 없었습니다. 뉴욕에서 선수 생활을 했던 선수가 보스턴에서 완벽한 적응을 할 수 있을 거라고 기대하지만, 그에게는 쉽지 않았습니다. 그는 밖에 나갈 수도 없었습니다. 그가 '은둔자'라는 단어를 사용한 것으로 기억합니다. 우리는 데이비드가 은둔자가 되고 싶어 하지 않는다는 것을 알고 있습니다. 제 생각에 그는 그의 농장에 가서 좀 쉬고 어떻게 은둔자의 삶의 방식을 받아들일지 생각해보는 것이 필요하다고 생각합니다."

"저희는 앞으로의 일정에 대해 추측하지 않을 겁니다. 가장 중요한 것은 코코를 건강하게 해서 그가 100% 실력을 발휘하게 함으로써 팀을 이길 수 있도록 도와주는 겁니다. 저희가 그렇게 할 수 있어서 다행입니다."

엡스타인은 펜웨이와 리글리 중 어느 구장이 더 나은지 말할 때도 요령이 있었다. "저는 중서부<sup>시카고</sup>에 와서야 제가 나쁜 놈이라는 것을 깨달았어요." 그는 말한다. "여기 사람들이 너무 좋아요. 그들에게는 분별력이 있어요. 정말 여긴 다르고, 팬층이 그것을 반영해요. 그래도 전 둘 다<sup>보스턴과 시카고의 팬층</sup> 좋아요. 저는 그들이 스포츠에서 최고의 두 팬층이라고 생각해요."

"펜웨이는 제게 집과 같아요. 제 피에 흐르는 거죠." 그는 말한다. "거기 있으면 집에 있는 것 같아요. 펜웨이에서 저는 제가 어린아이로서 게임에 가는 것을 생각해요. 제 쌍둥이 형과 함께 아빠 손을 잡고 관중석에 앉아 야구와 인생에 대해 많은 것을 배우는 거죠. 그래서 그 기억은 제게 특별하고, 절대로 뛰어넘지 못할 거예요. 그러나 리글리는 제 새로운 집과 같아요. 그리고 참으로 마술 같은 장소죠. 여기 앉아서 이 풍경을 보면 어떤 스포츠도 이

보다 나은 것은 없을 거예요. 여기는 사람들이 실제로 구장 근처에 살기 때문에 펜웨이보다 더 친근한 지역 구장이에요."

엡스타인은 시카고 팬들이 더 참을성이 있다고 주장한다. "보스턴 사람 대 시카고 사람, 그들은 서로 다른 감성을 가지고 있어요. 제가 이걸 말할 수 있는 이유는, 바로 제가 자신을 보스턴 사람이라고 여기기 때문이에요." 그는 말한다. "그 보스턴에 있는 청교도주의 있잖아요. '하늘이 무너진다'는 심리 상태요. 우리는 연승을 하다가도 한 경기를 지면 모두 전전긍긍하는 거예요. 3점 차 리드 상황에서 7회에 마무리 투수가 등장하고 첫 두 공이 모두 볼이면, 관중석에서 '이제 끝이다'라는 속삭임이 들리기 시작해요."

"여기서는 시카고에서는 약간 달라요. 여기에는 약간의 냉소주의와 지난 108년을 돌아봤을 때 또 실패하지는 않을까 하는 약간의 우려가 섞여 있어요. 그러나 저는 그것보단 본질적인 낙관론을 더 찾았어요. 팀이 지고 있는데 우리가 원하는 대로 풀리지 않는다고 해도 그들은 팬들 좋은 시간을 보내기 위해 여전히 리글리에 있어요. 그들은 연패 또는 약한 팀의 전력이 그들의 좋은 시간을 방해하도록 하지 않아요.."

엡스타인이 2016년 9월 25일 자 〈보스턴글로브〉와의 인터뷰에서 "정말로 컵스와 레드삭스의 월드 시리즈가 마침내 이뤄질 수 있을까?"라는 질문에 대해 다음과 같이 답변했다. "그건 꿈 꿀 만한 일이지만, 거기에 매달려서는 안 돼요." 그는 말한다. "우리는 우리가 해야 하는 일에 집중해야 합니다. 레드삭스는 야구를 잘 하고 있어요. 저는 물론 그들이 가을 야구를 할 가능성이 높다고 봐요. 보스턴은 그때쯤이면 아름다워요. 시카고도 마찬가지고요. 저는 10월 말에 그 두 도시에서 보내고 싶어요."

엡스타인은 상대방이 말하지 않은 부분까지도 이해하고 고려해 상대방을 배려한다. 선을 그을 상황과 받아들일 상황을 구별한다. 상대방이 드러내지 않은 생각과 감정을 정확하게 알고 목적에 맞게 행동하는 외교적 감각 역량이 매우우수[5점]다.

> 외교적 감각(Diplomatic Sensitivity) 역량 : 상대방이 말하지 않은 부분, 일부만 드러낸 생각, 다른 사람의 감정과 관심 등을 명확하게 이해하고, 상대방이 반대 또는 적대감을 드러내거나 스트레스를 받으면서 일할 상황에서도 자신의 감정을 통제할 수 있는 것

## 전략 7: 용기 있게 포기하고 아름답게 이별하라

"저는 레드삭스를 우승 구단으로 만들고, 그 과정에서 한몫을 하는 막중한 책임을 맡았습니다. 저희는 그것을 이루어냈습니다. 여기서 더 할 일이 많습니다. 더 해야 할 일을 놔두고 떠나는 것이 슬픕니다. 저는 저희가 만들어낸 팜 시스템이 우리를 미래에 매우 좋은 위치에 올려놓을 거라고 생각합니다. 저는 감탄과 존경 그리고 호의를 가지고 그들이 앞으로 나가는 모습을 멀리서 지켜볼 겁니다."

**10년 동안 2번의 월드 시리즈 우승**
**셀 수 없을 만큼 많은 추억과 무한한 감사**
**친애하는 레드삭스 여러분**
**감사합니다.**

지난 10년 동안 레드삭스에 속해 있으면서 야구에서 가장 재능 있고 헌신적인 사람들과 함께 일한 것을 큰 영광으로 생각합니다. 저는 우리가 함께 해낸 모든 것을 자랑스럽게 생각합니다.

구단주인 존 헨리, 톰 워너, 래리 루치노를 비롯한 구단 운영진에게도 감사를 표합니다.

믿기 힘들 정도로 열심히 일하며 재능 있는 사람인 벤 세링턴을 비롯한 레드삭스 프런트오피스에서 일하는 모든 사람에게 감사의 마음을 전합니다.

같이 일했던 것은 놀라운 경험이었으며 우리의 우정은 영원히 지속될 것입니다. 끊임없는 노력에 그치지 않고 레드삭스 유니폼을 입는다는 것이 무엇을 의미하는지 재정립해준 선수들과 코치들, 테리 프랑코나 감독에게도 감사한 마음을 전합니다.

펜웨이 파크를 열정적으로 찾아주신 팬들에게도 감사합니다.

팬 여러분은 두 번의 월드 시리즈 우승, 여섯 번의 플레이오프 진출, 700경기가 넘는 연속 경기 매진을 포함해 스포츠 역사에서 가장 드라마틱한 장면을 만들어주셨습니다.

무엇보다도, 어떤 경기보다도 더욱 중요한 지원에 감사드립니다. 그레이트 보스턴 키즈에 수천 명을 지원해준 데 대해 감사드립니다. 어려운 어린아이들에게 500만 달러를 기부해 재단을 만든 일, 19개 대학에 장학금을 기부한 일, 레드삭스와 셀틱 게임에 3,200명의 어린이를 초청한 일에 깊이 감사드립니다.

기부 재단의 노력은 계속될 것이며 저도 내년 1월 파라다이스에서의 핫 스토브 쿨 음악회를 기다리겠습니다.

믿기 힘들 정도로 굉장했던 지난 10년의 모든 것에 감사드립니다.

삭스 파이팅!

- 테오 엡스타인

# 10 Years
# Two Championships
# Countless Memories
# Infinite Thanks

Dear Red Sox Nation:

Thank you.

It's been a privilege to be a part of the Red Sox for the last decade and an honor to work alongside some of the most talented and dedicated people in baseball. I'm proud of all we accomplished together.

Thank you to our ownership group. John Henry, Tom Werner, Larry Lucchino and their partners have a commitment to excellence that permeates through all levels of the organization, and I'll be forever grateful for the opportunity they gave me and for their unwavering dedication to winning.

Thank you to Ben Cherington and the incredibly hard-working and talented people in our baseball operations group, and to everyone in the Red Sox front office. Working together has been an amazing experience, and our friendships will last a lifetime.

Thank you to the players, the coaches and to Tito for their tireless effort and for redefining what it means to wear the Red Sox uniform.

Thank you to the Fenway faithful. You've been the driving force behind two World Championships, six playoff appearances, more than 700 consecutive sell-outs and some of the most dramatic moments in sports.

And most of all, thank you for supporting something much more important than any game: investment in the lives of thousands of Greater Boston kids. Your generosity has enabled the Foundation To Be Named Later to provide $5 million in grants to young people in need, fund 19 college scholarships, and host 3,200 children at Red Sox and Celtics games.

The Foundation will continue its efforts and I look forward to seeing you at Hot Stove Cool Music at the Paradise in January.

Thank you all for 10 incredible years. Go Sox.

Sincerely,

Theo Epstein

엡스타인은 글쓰기에는 천부적인 소질을 타고난 것 같다. 집안도 잘 알려진 문인 가문이다. 인턴십을 하기 위해 썼던 편지와 보스턴 레드삭스를 떠나면서 신문에 게재했던 광고 문안 등을 보면 그가 얼마나 자신의 생각이나 처지를 상대방에게 명확하게 전달했는지 알 수 있다. 복잡하고 민감한 사항을 전략적으로 작성된 문서로 처리해 상대방에게 자신의 의도를 정확하게 전달하는 문서 기획 역량이 매우우수[5점]다.

> 문서 기획(Drafting Skills) 역량 : 전달하고자 하는 정보와 메시지를 자신의 의도대로 효과를 낼 수 있도록 아이디어와 정보를 정확하게 문서로 작성해 전달하는 것

엡스타인은 자신을 인턴 시절부터 이끌어주고 28세에 보스턴 레드삭스 단장으로 발탁되도록 추천해준 레드삭스 사장인 래리 루치노와 이별한다. 레드삭스에서 월드 시리즈 2회 우승을 이끌었지만 우승 이후에는 래리 루치노의 지나친 업무 간섭을 이유로 갈등이 심화되었다. 그는 더 이상은 래리와 함께 자신의 뜻을 펼칠 수 없음을 깨닫는다.

"14년 동안 저희는 매우 성공적인 업무 관계를 유지했습니다. 래리 Larry 와 저는 서로 좋아합니다. 어떤 장기적인 관계와 마찬가지로, 몇몇 복잡한 점이 있습니다. 기복이 있기도 합니다. 철학적인 차이를 가질 때도 있습니다. 그러나 저는 그에게 많은 것을 빚지고 있습니다."

"우리는 영원히 그들에게 빚을 졌습니다. 확언컨대, 누군가는 돌아오지 않을 겁니다. 그들의 공로에 감사하고 그들이 미래에 잘 되길 바라는 것이 옳은 겁니다. 그러므로 우리는 이별이라는 말은 당장 하지 않겠습니다."

"우리는 굉장히 성공적인 인간관계를 가지고 있습니다. 래리와 저는 서로 좋아합니다. 저희의 관계가 긴 만큼 복잡한 점들도 있습니다. 그러나 결국

엔 저는 래리가 잘 되길 바랍니다. 그는 제게 많은 것을 해주었습니다. 저는 그에게 많은 것을 빚졌고, 저는 그걸 진심으로 여깁니다."

엡스타인은 자신의 상사인 래리 루치노와의 갈등을 이유로 결국 레드삭스를 떠난다. 루치노와의 갈등으로 3개월 동안 업무를 중단한 적도 있었다. 그는 결국 레드삭스 단장 직을 포기하고 시키고 컵스로 갔다. 현재 자신의 네트워크가 전략적 목적을 성취하는 데 적절한지 평가한다. 그리고 전략적 목표 달성을 용이하게 하는 새로운 파트너십을 만드는 기회를 인지하고 창출하는 전략적 네트워킹 역량이 우수[4점]다.

전략적 네트워킹(Strategic Networking) 역량 : 장래 목표 달성에 중요한 역할을 하거나 또는 앞으로 할 만한 사람들과 우호적으로 네트워킹을 형성하고 유지하는 것

"여러분에게 큰돈을 지불하는 이유는… 바로 …를 채울 단어를 찾기 위해서입니다."

"이 정도 규모의 투수 계약에는 나이에 상관없이 위험이 따릅니다. 특히 투수 나이가 30대가 넘어가면 말이죠. 그러나 저는 이런 계약을 결코 하지 않을 것이라고 생각하지 않습니다. 두 눈을 크게 뜨고 살펴야 합니다. 우리는 언젠가 누군가를 믿어야만 합니다. 그리고 꼴지 팀에서 자유 계약 선수는 그 팀을 믿어야만 합니다. 저희는 그 선수를 알게 된 이후 많은 위안이 됐습니다."

"저는 시카고를 사랑하지만, 중서부는 익숙해지기에 약간 시간이 필요하다는 것을 인정합니다." 엡스타인은 말한다. "가끔 저는 도시 경계를 떠나면 공황 발작이 와요. 야구 하러 밀워키로 운전할 때와 같이요. 굉장히 평탄하고, 고속도로 옆 치즈 목장을 지날 때면 저는 생각하기 시작해요. '내가 여기

서 뭘 하고 있는 거지?'"

엡스타인은 컵스에 대해 말한다. "그런 점에서 2004년을 떠올리게 됐어요. 근데 포스트시즌에는 무엇이든 일어날 수 있습니다. 'Three-and-out'[풋볼 게임에서 아무것도 못하고 지는 상황]을 당할 수도 있고, 퍼레이드로 끝나는 매직 카펫 라이드를 탈 수도 있죠. 모든 가능성에 준비해야 합니다. 그러나 컵스 말고 제가 같이 포스트시즌에 가고 싶은 팀은 없습니다."

엡스타인은 구성원 간의 원활한 소통을 도모하기 위해 핵심 정보와 메시지를 얻을 수 있는 환경을 조성한다. 긍정적인 결과가 나올 가능성을 극대화하고, 자신이 원하는 결과가 나올 수 있도록 분위기, 참석자, 진행 상황 등을 극대화하는 영향력 역량이 우수[4점]하다.

> 영향력(Influencing) 역량 : 자신이 목적한 바를 지지하게 하거나 상대방에게 좋은 이미지나 영향을 주기 위해 세심한 방식으로 상대방을 설득하는 것

# 03

‖‖‖‖‖‖‖‖‖‖‖‖‖‖‖‖‖‖‖‖‖‖‖‖‖‖‖‖‖‖‖‖‖‖‖‖‖‖‖‖‖‖‖‖‖‖‖‖‖‖‖‖‖‖‖‖‖‖‖‖‖

## 저주를 푼 마법의 열쇠는 '역량'이다

### 역량에 관한 간단명료한 명제

필자는 인재 선발을 위한 역량 평가를 하면서 '누가 조직에 도움이 되는 좋은 인재인가'를 고민해왔다. 또한 역량 강의를 해오면서 역량이라는 개념과 기능을 어떻게 쉽게 설명할 수 있는지에 대해서도 고민해왔다. 그 결과 역량에 관한 학문적인 관점이 아니라 간단명료한 몇 가지 명제를 제시하고 설명하는 방식이 효과적이라는 사실을 오랜 경험으로 깨달았다.

몇 가지 명제는 다음과 같다.

① 역량은 위기 또는 갈등 상황의 문제를 해결하는 힘<sup>잠재력</sup>이다.

② 문제가 있는 곳에는 역량을 필요로 한다.

③ 문제를 잘 해결한 고성과 뒤에는 반드시 역량을 발휘한 인재가 숨어 있다.

④ 역량은 다른 어떤 점도 고려하지 않고 오로지 성과와 관련되어 있다.

⑤ 역량은 지식과 경험으로 이루어져 있다. 여기서 지식과 경험은 단순히 알고 있거나 경험한 것이 아니다. 지식과 경험이 서로 유기적으로 결합되어 자신의 것으로 될 때 언제든지 무의식적으로 나타날 수 있다.

이런 역량 관점에서 엡스타인이 '밤비노의 저주'와 '염소의 저주'를 깨고 오랜 시간 동안 월드 시리즈 우승을 하지 못한 팀에게 우승 트로피를 안기는 과정을 5단계로 설명하고자 한다.


## 1단계: 성취 동기와 문제 제기

역량은 행동 특성이므로 외부로 드러내야 관찰이 가능하고 평가되는 것이다. 적극적 행동으로 드러내야 하는 이유다. 반면에 어떤 일을 해내겠다는 성취 동기와 의지는 주관적인 요소라 외부로 잘 드러나지 않는다. 설령 밖으로 드러냈다고 하더라도 객관적으로 관찰·측정이 어렵다. 하지만 드러난 역량도 중요하지만 성취 동기나 도전 정신, 집요함 등 주관적 요인의 중요성은 아무리 강조해도 지나치지 않을 것이다. 또한 문제를 발견하면 그 문제를 적극적으로 해결하려고 시도하는 도전이 중요하다. 엡스타인은 '밤비노의 저주'를 파괴하고 그보다 오랜 시간 동안 월드 시리즈에서 우승하지 못한 시카고 컵스 사장으로 자리를 옮겼다. 많은 지인이 '밤비노의 저주'를 깬 명예를 지키려면 시카고 컵스로 가지 말 것을 권유했지만 그는 단호하게 시카고 컵스로 향했다. 바로 새로운 도전을 선택한 것이다.

맥클랜드 교수는 "성취 동기가 강한 사람은 스스로 목표를 설정하고 목표 달성에 책임을 지며 더 잘하기 위해 노력한다"고 한다. 그러면서 맥클랜드 교수는 지식이나 기술과 같이 겉으로 드러나는 면은 교육과 훈련을 통해 개발이 가능하다고 보았다. 반면에 자기 개념이나 특질, 성취 동기 같은 주관적인 면은 개발하기 쉽지 않다고 했다. 따라서 지식이나 기술을 갖춘 사람을 선발해 교육을 통해 동기, 특질, 자기 개념 등을 키우는 것보다 동기, 특질, 자기 개념이 있는 사람을 선발해 개선하는 것이 더 합리적이고 가능성을 높이는 방법으로 보았다.

엡스타인은 야구에 미쳐 있었다. 그는 리그리빌과 레이크뷰의 어둡고 조용한 거리를 지나 시카고 컵스 홈구장인 리글리 필드에 들어선다. 리글리 필드에서 불과 일곱 블럭 떨어진 곳에 사는 그는 시카고에서 꽤 유명 인사다. 그럼에도 불구하고 아무런 제지 없이 도보로 출근할 수 있는 것은, 그의 출근 시간이 모두가 아직 잠들어 있는 이른 새벽이기 때문이다. 그는 하루 평균 6시간 정도를 잔다. 나머지 18시간은 대부분 야구와 관련된 생각을 하는 데 쓴다. 그가 야구에 얼마나 몰입하고 있는지 알 수 있다. 엡스타인은 팀이 원정을 떠나거나 밤 경기를 치를 때면 리글리 필드의 빈 관중석에서 점심을 먹곤 했다. 그는 그렇게 자신만의 '한 시즌'을 치렀다.

2016년에도 그는 보스턴 레드삭스 단장이 되던 14년 전과 마찬가지로 여전히 야구에 미쳐 있었다. 보스턴에서 '밤비노의 저주'를 깨트리고, 2011년 시카고 컵스로 옮긴 이후 그가 부임한 지 5년 만인 2016년에 마침내 컵스에게 월드 시리즈 우승 트로피를 선사했다. 엡스타인은 2016년 9월 25일자 〈보스턴글로브〉와의 인터뷰에서 다음과 같이 말했다. "저는 정말로 팀에 모든 집중력을 쏟고 싶어요."

엡스타인은 보스턴 레드삭스 단장 시절이던 2007년 1월에 28세 약혼녀 마리 휘트니 <sup>Marie Whitney</sup> 와 뉴욕에서 결혼했다. 놀라운 점은, 결혼한다는 사실을 구단 관계자들도 모를 정도로 조용히 결혼했다는 것이다. 테오 엡스타인의 아버지 레슬리가 〈보스턴글로브〉에 다음과 같은 내용을 이메일로 보냈고, 그 내용이 스포츠란에 아주 간단하게 실렸을 뿐이다. "레드삭스 단장 엡스타인과 그의 신부 마리 휘트니가 어제 뉴욕 코니아일랜드에서 결혼했다. 더 이상의 내용을 테오 엡스타인의 요청으로 말씀드릴 수 없다."

엡스타인은 아들 잭을 포함해 2명의 자녀를 둔 아버지다. 엡스타인은 자신의 사생활에 대해서는 철저하게 비공개를 유지하고 있는 편이다. 그 이유는 정확하게 알 수 없지만 공과 사를 구분하고, 야구에 더 집중하려는 것이 이유일 것이다.

## 2단계: 저주의 본질을 정확하게 인식하다

문제가 있는 곳에 역량이 필요하다. 문제의 핵심이 무엇인지 파악한다. 여러 가지 문제 가운데 핵심 사항이 무엇인지, 어느 사안이 더 중요한지, 어떤 일이 긴급하게 처리해야 할 일인지 등을 고려해 문제의 본질을 정확하게 파악해야 한다. 여러 가지 문제 가운데 우선순위를 정해야 한다. 월드 시리즈 우승을 방해한다는 오랜 저주에 대해 엡스타인은 저주의 본질은 존재하지 않는 허상으로 보았다. 그는 저주는 패배주의의 그림자에 불과하다고 본 것이다. 따라서 저주를 걷어내기 위해서는 패배주의를 걷어내야 한다는 것을 잘 알고 있었다.

## 3단계: 저주의 원인을 다양하게 파악하다

　　문제를 파악한 이후에는 문제의 원인을 찾아야 한다. 그 원인을 다양한 시각에서 찾아야 제대로 알 수 있다. 원인이 드러나 있지 않고 내재되어 있는 경우가 많으므로 숨겨진 원인을 찾는 것이 중요하다. 다양하게 찾은 원인 가운데 원인 간의 관계 등을 고려해 문제에 가장 큰 영향을 미치는 핵심 원인을 파악해야 비로소 문제를 해결할 수 있는 대안을 도출할 수 있는 것이다. 엡스타인은 저주의 원인을 실력과 노력 부족에서 찾았다.

　저주란 결국 열심히 하지 않아 생기는 패배주의의 허상일 뿐이다. 그러나 허상에서 답을 찾지 말고 본체인 패배주의를 걷어내야 한다. 또한 지속 성장을 하기 위해서는 구단주와 사장의 신뢰와 권한 위임이 중요하다.

## 4단계: 저주 파괴를 위한 자신만의 '새로운 틀'을 제시하다

현안을 파악하고 그 원인을 분석한 이후에는 해결할 수 있는 대안을 모색해야 한다. 문제 파악과 원인 분석은 결국은 그 문제를 해결하기 위한 전<sup>前</sup> 단계인 셈이다. 대안을 통해 문제를 해결하는 것이다. 대안의 실행은 문제 해결의 효과를 고려해야 한다. 문제를 해결하기 위한 대안은, 그 문제 해결에 적합해야 한다. 엡스타인은 패배주의를 걷어내기 위해 팀의 화합 유지, 유망주 육성과 기회 부여를 통한 동기 부여, 조직내부의 원활한 소통, 야구의 본질을 이해하고 실패를 통해 배우는 인재 우선 선발 등 자신만의 창의적인 대안을 제시했다.

## 5단계: 대안 실행에 따른 기대 효과와 장해 요인 극복

제시한 대안을 실행해 문제를 해결하는 과정에서 의도한 대로 문제를 해결할 수 있을 것이다. 실행으로 인한 성과를 고려한 효과성을 기대 효과라고 한다. 반면에 의도하지 않은 부작용이 수반될 수 있다. 또한 예상하지 못한 난관에 봉착할 수 있다. 이는 장해 요인이다. 이러한 장해 요인을 효과적으로 극복하지 못하면 아무리 좋은 대안이라고 하더라도 효과성이나 실효성을 발휘할 수 없는 것이다. 엡스타인은 '밤비노의 저주'를 깬 이후에 위기가 찾아오는 것을 경험했다. 장기 전략을 미처 생각하지 못한 상태에서 단기 성과의 부작용이 드러난 것이다. 장기적인 관점에서 지속 성장이 중요함을 깨달았다.

지속 성장을 이루기 위해서는 장기적인 관점에서 인재 육성과 젊은 선수를 이끌어줄 경력 선수의 중요성을 깨달았다. 대안을 실행하는 과정에서 뜻하지 않은 성과와 장해 요인이 발생할 수 있다. 예상되지 못한 성과는 그 원인을 파악해 지속적으로 성과가 유지되도록 해야 한다. 장해 요인이 발견될 때에는 이를 해결하고 극복해야 할 것이다.

# PART 4

# 역량 지도 교수가 왜
# 메이저리그 야구에 주목할까

미국인은 메이저리그 야구를 통해 꿈을 갖는다.

아버지가 되면 어린 아들의 손을 잡고 야구장으로 간다.

야구장에서 아들과 대화하고 승리의 짜릿함을 알게 된다.

야구 경기를 보면서 공정하게 경쟁해야 함을 알게 되고, 패배에 승복하는 것도 배운다.

성공한 선수들의 모습에서 예의와 절제를 보고 반칙은 용납되지 않음을 알게 된다.

또한 반칙에 대한 대가가 얼마나 크게 치러져야 하는지도 알게 된다.

그래서 야구장은 살아 숨 쉬는 교육 현장이다.

9회 말 2아웃에서도 경기를 역전하는 경우를 보면서 끝까지 최선을 대해야 함을 실감한다.

"끝날 때까지 끝난 게 아니다." 야구는 끝나봐야 승자와 패자를 알 수 있다.

인생 역전이 있다. 그래서 야구는 인생의 축소판이라고 한다.

그 아들이 커서 어른이 되면 나이 든 아버지와 함께 야구장엘 또 찾는다.

어린 아들의 손을 잡고 함께…. 그래서 야구장에서는 세대 차이가 없다.

필자는 20년 이상 검찰청 수사관으로서 범죄와 범죄자를 밤낮없이 쫓아다녔다.

진실을 끝까지 추적해서 끝장을 보고야 마는 열혈 수사관이었다.

# 01

미국인에게 메이저리그 야구란 무엇인가

## 메이저리그는 삶의 축소판이다

　　스포츠는 감동을 준다. 그래서 많은 사람이 스포츠 경기를 보면서 열광한다. 공정한 룰 내에서 자신의 능력을 마음껏 발휘하는 과정에서 반전과 감동이 진하게 배어 나오는 것이다. 특히 야구는 삶의 모습과 유사하다. "끝날 때까지 끝난 게 아니다"라는 말에서도 야구와 인생사는 매우 유사하다. 지금 좋다가도 나쁜 일이 생길 수 있고 어렵게 살다가도 좋은 일이 있을 수 있는 것이다. 인생 역전이 있다. 그날을 꿈꾸며 열심히 살아간다. 마치 9회 말 2아웃에서도 최선을 다하는 야구 선수와 같이….

　　야구는 순간순간 선택해야 한다. 투수는 타자를 압도하기 위해 던질 공의 구질과 던질 코스를 선택한다. 그 선택이 좋은 선택이 될 수도 있고 나쁜 선택이 될 수도 있다. 문제는 투수가 공을 던지고 난 후에야 그 선택이 좋았는지 나빴는지 알 수 있다는 것이다. 타자는 투수의 공을 쳐야 할지, 아니면 기다려야 할지 그 여부를 선택해야 한다. 투수와 타자는 단순히 자신의 입장에서만 선택해서는 안 된다. 경우에 따라서는 팀 승리를 위해 자신은 아웃이 되더라도 다른 선수가 진루하게 만드는 희생타를 날려야 한다. 긴박한 순간에는 타자는 자신이 원하는 코스의 공을 노려 쳐야 한다. 그래야 안타를 칠 확률이 높은 것이다. 자신이 원하는 공이 아닐 경우 투수의 공을 밖으로 쳐내 파울을 만들어낸다. 결국 투수로 하여금 타자가 원하는 코스로 공을 던지게 유도하고 그 공을 노려 쳐야 한다. 투수 입장에서는 타자가 원하는 공의 구질과 코스를 파악하고 전혀 다른 구질과 코스로 공을 던져 타자를 압도해야 한다.

이렇게 야구는 끝나봐야 결과를 알 수 있고, 순간순간의 선택이 영향을 미치는 것이다. 삶에서도 순간순간 선택해야 하고 그 선택에 따라 다른 삶을 살게 되는 것이다. 야구를 접하고 자신이 응원하는 팀을 갖는 경로도 다양하다. 어릴 적 동네에서 자주 보게 된 마이너리그 야구를 보다가 재미에 빠지게 된다. 마이너리그에서 젊은 선수를 응원하고 그 선수가 성장하면서 그를 쫓아서 팀도 바꾼다. 야구는 모든 사람에게 기회를 부여한다. 꿈을 주는 것이다.

메이저리그는 쿠바나 도미니카 등 중남미 국가의 젊은이들에게 미국이 주는 가장 큰 선물이다. 실제로 메이저리그에는 쿠바 같은 중남미 국가 출신의 선수들이 많은 편이다. 특히 쿠바에서 미국으로 어렵게 밀입국해 메이저리그에서 활약하는 선수를 볼 수 있다. 쿠바의 지도자였던 카스트로와 베네수엘라 전 대통령인 우고 차베스도 젊은 시절 메이저리거를 꿈꾸던 소년이었다는 것은 잘 알려진 사실이다.

2016년 월드 시리즈가 끝나고 불과 5일 후에 미국 대통령 선거가 있었다. 민주당의 힐러리 후보와 공화당의 트럼프 후보 간의 치열한 경쟁이었다. 그런데 SNS에서는 제3의 후보가 등장했다. 주인공은 바로 테오 엡스타인이다. 108년 만에 '염소의 저주'를 깨고 시카고 컵스에게 월드 시리즈 우승을 안긴 엡스타인을 미국인들이 얼마나 열광했는지 알 수 있다. 일부 유권자들은 공화당의 트럼프, 민주당의 힐러리도 아닌 컵스의 엡스타인 이름을 연호하며 그에게 투표했음을 개인 SNS를 통해 인증했다. 미국의 스포츠 전문 매체인 폭스스포츠는 "많은 사람들이 엡스타인 '사장'President을 엡스타인 '대통령'President으로 만들려 하고 있다"며 이날 벌어진 재미있는 현상을 소개했다.

폭스스포츠는 "팬들은 레드삭스에 이어 컵스까지 고쳐낸 엡스타인이라면 이 나라의 무엇이든 고쳐낼 수 있을 것이라며 그의 이름을 외치고 있다"고 했다. 미국 프로야구가 얼마나 많은 사람에게 영향을 주고 있는지 잘 알 수 있다.

## 메이저리그 야구는 소통과 교육의 장이다

미국인은 태어나면서 자신이 속할 야구팀을 가지고 태어난다. 부모는 자식에게 야구에 관한 정보와 지식을 가르쳐준다. 그리고 함께 야구장에 다닌다. 그러면서 대화와 공감대를 형성한다. 아이가 성인이 되면 부모와 자식이 함께 야구장을 다닌다. 야구는 세대와 세대를 이어주는 사다리 역할을 한다.

필자는 스포츠를 무척 좋아한다. 특히 최고의 선수들이 모여서 최선을 다하는 경기에 열광한다. 그 이유는 정해진 규칙 안에서 치열하게 경쟁하며 승부를 겨루는 선수와 팀을 보면서 재미와 아울러 고성과자의 특성인 역량을 배울 수 있기 때문이다. 그래서 가능한 한 특정 선수나 팀을 응원하는 데 집착하지 않고 경기 자체를 관전하려고 노력한다.

2005년 텍사스 주에서 유학할 당시 중학교 1학년인 아들에게 야구에 흥미를 갖도록 야구 규칙과 관람 방법을 가르쳐주었다. 평소 운동에는 관심이 없고 수학을 좋아한 아들은 타율, 방어율, 연봉 합계 등 숫자와 관련된 이야기에 관심을 보이기 시작했다. 거의 매일 아들과 함께 TV로 메이저리그 야구 경기를 관람했다. 그해 휴스턴 애스트로스 팀의 성적이 괜찮아서 더욱 좋았다. 휴일이면 아들은 휴스턴 시내에 있는 미닛메이드 구장에 직접 가서 야구 경기를 관람했다. 차로 2시간 이상 가야 하는 거리였지만 둘은 매우 즐겁게 야구장을 오갔다. 경기장 입장료가 생각보다 비싸기는 했지만, 관객을 위해 투수의 구속, 타자의 성적 등 경기 관람에 필요한 정보를 전광판을 통해 알려주고, 흥겨움이 넘쳐나는 분위기가 흥을 돋워줬으며, 심지어 매력적이기까지 했다. 야구장에 온 관객에게 최고의 만족을 주기 위해 알차고 다양한 서비스를 제공했을 뿐 아니라, 여러 가지 편의 시설과 이벤트도 훌륭했기에 입장료가 아깝다는 생각이 들지 않았다.

2005년에 텍사스 레인저스에서 박찬호가 대형 계약을 하고 부상으로 큰 활약을 하지 못해 '먹튀'로 소문 나 있었지만, 휴스턴 애스트로스는 아주 잘

했다. 당시 휴스턴은 '로켓맨' 로저 클레멘스가 고향으로 돌아왔고, 선발 투수인 로이 오스왈트와 앤디 페티트, 마무리 투수인 브래드 릿지가 건재했다. 타격에서도 이름에 알파벳 B 자로 시작하는 제프 베그웰, 크레이그 비지오, 데릭 벨, 션 베리, 랜스 버크만 등 '킬러 B'가 크게 활약해 인기가 있었다.

시간만 있으면 아들과 야구장에 다니면서 아들은 야구에 흥미를 갖게 되었다. 야구장을 다니면서 가장 기억에 남는 일은, 아들과 함께 야구에 관한 대화를 자주 하면서 가진 시간이 많았던 것이다. 디비전 시리즈 4차전에서 애틀랜타 브레이브스와 18회까지 가는 접전 끝에 승리해 다음 날 새벽 2시가 넘도록 야구를 관람한 기억이 새롭다. 그러나 휴스턴은 월드 시리즈에서 시카고 화이트삭스에게 4연패를 당하고 말았다. 그해 화이트삭스는 86년 만에 월드 시리즈 우승을 하고 '블랙삭스 스캔들의 저주'를 깼다. 아들은 귀국 후에도 친구와 야구장을 가기도 하고 필자와 캐치볼을 하면서 야구에 대한 흥미를 이어갔다.

《야구장으로 간 수학자》의 저자인 켄 로슨은 자신의 수학적인 열정과 흥미는 야구장에서 시작되었다면서 그의 어린 아들과의 대화를 서문에 적고 있다.

내 손에 이끌려 처음 야구장을 드나들던 때, 내 아들은 파란 다이아몬드 모양의 잔디밭이 마냥 신기하기만 한 어린 철부지였다. 그러나 머지않아 그 꼬마는 하얀 공이 담장 너머로 날아가는 것이 아주 신기한 일임을 알아차렸다. 사람들이 일제히 일어나 환호성을 지르는 데다 지역 유제품 광고판의 커다란 젖소 모형까지 덩달아 고개를 끄떡여댔기 때문이었다. 아들이 여섯 살로 접어들 무렵에는 경기를 지켜보며 웬만큼

득점을 헤아리는 수준에 올라섰다. 아들은 천진난만한 질문을 던지곤 했다.

"아빠, 사람들이 왜 저렇게 '주심! 나가 죽어라!'고 악을 써요?" "그건 말야, '심판 좀 잘 보세요'란 뜻이란다. 빈정거리는 표현이지."

"빈정거리는 게 먼데요? 아빠?" "…."

이따금 토론을 요하는 질문도 있었다.

"아빠! 왜 다들 '한 방 날려!' 소리를 꽥꽥 지르죠?"

"음, 설명하자면 타율을 살펴봐야 해. 저 선수 타율이 2할 9푼인데, 그건 최근까지 배트에 맞춘 공 가운데 약 29퍼센트가 안타였다는 얘기야. 그런데 지난주에는 안타가 거의 없었거든? 이제 슬슬 때릴 때가 되었지 싶은 거지. 논리적 타당성에 의문이 들 수도 있어, 왜냐하면…."

"알았고요. 아빠, 크래커 좀 드실래요?"

나는 야구를 통해 수학적 사고를 시작할 수 있었다. 그러나 그보다는 인생을 지혜롭게 살아가는 데 필요한 소중한 깨달음을 얻을 수 있었던 것에 감사한다. 내 아들도 그럴 수 있기를 바라는 마음으로 나는 내 아들이 야구를 가까이 하도록 알게 모르게 많은 노력을 기울였다. 이제는 내가 배우고 내 아들에게 가르쳐준 것들을 다른 이들에게도 전해주고자 하는 마음으로 이 책을 쓰게 되었다.

그의 책 서문에 있는 에피소드를 소개하는 이유는, 많은 미국인이 야구를 이런 식으로 배우고 가르치고 있다는 것을 소개하고 싶기 때문이다. 테오 엡스타인이 아버지 레슬리의 손을 잡고 야구장에 다니기 시작해서 메이저리그 단장과 사장이 된 것처럼….

야구는 미국인의 삶 가운데 일부분을 차지하고 있다. 야구장은 쉽게 대화하고 소통하는 곳이다. 야구장엘 가보면 공을 던지는 투수를 정면으로 바라볼 수 있는 1층 지정석의 입장료가 가장 비싸지만 늘 사전 예약이 되어 있다. 이 자리는 중요한 가족 행사나 비지니스 모임에 이용되기 때문이다. 야구장이 사교와 비지니스의 장이 된다.

야구장에서는 경기 시작 전에 국가를 연주한다. 7회가 되면 잠시 운동장을 고르는 시간에 지역과 학교의 브라스 밴드나 초청 가수 독창 등이 운동장에서 펼쳐진다. 야구장에서 연주하는 팀에게는 아주 좋은 기회고, 관객들은 잠시 긴장을 늦추면서 음악을 감상하는 시간이다. 물론 이 시간이 출출해진 배를 채울 수 있는 때이기도 하다.

└ 경기 전 국가 연주 모습(2016년 다저 스타디움)과 7회 휴식 시간 모습(2005년 미닛메이드 파크)

└ 2016년 5월 필자가 다저 스타디움을 방문해 찍은 매점 모습

## 메이저리그 구단은 독립된 회사다

　　메이저리그 Major League 는 북미 프로 스포츠 중에서 가장 수준이 높은 리그를 말한다. 미국이나 한국에서 메이저리그라고 하면 대부분 메이저리그베이스볼 MLB, Major League Baseball 을 의미한다. 미국의 프로야구 소속 야구팀은 모두 30개다. 30팀이 아메리칸리그와 내셔널리그 양대 리그로 구성되어 있어 리그별로 15개 팀으로 구성되어 있는 셈이다. 리그별로 각각 동부 지구, 중부 지구, 서부 지구로 구분되는데, 아메리칸리그의 동부 지구 소속 토론토 블루제이스의 연고지는 미국이 아닌 캐나다 토론토다. 지구마다 5개 팀씩이 소속되어 팀별로 162경기씩 정규 시즌 인터 리그 포함 을 치른다. 정규 시즌 성적에 따라 10월 중순부터 플레이오프를 치르며 이를 보통 가

을 야구라고 한다.

미국 내 29개 팀은 연고지를 두고 활동한다. 연고지별로 구분해보면 캘리포니아 주는 5개 팀이 있는 반면에 1개 팀도 없는 주도 있다. 즉 미국 프로야구 팀의 숫자가 인구와 경제규모를 나타내고 있는 것이다.

미국의 주별 메이저리그 야구 팀 연고 현황

| 캘리포니아 주 (5팀) | LA 다저스, LA 에인절스, 오클랜드 애슬레틱스, 샌프란시코 자이언츠, 샌디에이고 파드리스 | 미주리 주 (2팀) | 세인트루이스 카디널스, 캔자스시티 로열스 |
| | | 일리노이 주 (2팀) | 시카고 컵스, 시카고 화이트삭스 |
| 뉴욕 주 (2팀) | 뉴욕 양키스, 뉴욕 메츠 | 펜실베니아 주 (2팀) | 필라델피아 필리스 피츠버그 파이리츠 |
| 텍사스 주 (2팀) | 텍사스 레인저스, 휴스턴 애스트로스 | 오하이오 주 (2팀) | 클리블랜드 인디언스, 신시내티 레즈 |
| 플로리다 주 (2팀) | 마이애미 말린스, 탬파베이 레이스 | 워싱턴 주 | 시애틀 매리너스 |
| 애리조나 주 | 애리조나 다이아몬드백스 | 미네소타 주 | 미네소타 트윈스 |
| 콜로라도 주 | 콜로라도 로키스 | 워싱턴 D.C. | 워싱턴 내셔널스 |
| 조지아 주 | 애틀랜타 브레이브스 | 위스콘신 주 | 밀워키 브루어스 |
| 메사추세츠 주 | 보스턴 레드삭스 | 미시간 주 | 디트로이트 타이거즈 |
| 메릴랜드 주 | 볼티모어 오리올스 | 미국 32개 주에는 연고 팀이 없음 | |

## 메이저리그 팀은 매년 평균 12% 수익률과 10%씩 회사 가치가 성장하는 기업이다

메이저리그 각 팀은 하나의 독립된 기업이다. 우리나라 프로야구가 대기업의 지원을 받아 모기업을 홍보하는 기능을 하는 것과는 다르다. 그 팀의 주인은 구단주다. 구단주는 자신의 돈으로 구단<sup>구단의 지분</sup>을 사서 구단을 운영한다. 구단주의 재산을 선수 매입에 쓸지 말지는 구단주의 성향에 따라 다른 것이다.

경기 중계권 계약, 입장료 판매 수입, 광고, 기념품 판매, 야구장 시설 대관료 등이 구단의 주된 수입이 된다. 구단의 가치는 매년 3월에 경제 전문지인 〈포브스〉가 발표한다. 2016년 3월에 〈포브스〉가 발표한 내용을 요약하면, 메이저리그 30개 팀 가운데 1위는 뉴욕 양키스다. 양키스의 구단의 가치는 34억 달러<sup>약 3조 9,800억 원</sup>에 이르는 것으로 조사되었다. 놀라운 사실은, 양키스의 구단 가치가 43년 만에 386배나 올랐다는 것이다. 〈포브스〉는 40년 동안 평균 수익률이 12%이고 팀 가치도 매년 평균 10%씩 올랐다고 발표했다. 일종의 고성장을 이루는 블루칩 회사라고 할 수 있다.

더 놀라운 점은, 메이저리그에서는 3분의 1의 비용으로도 3배나 많은 비용을 쓴 팀을 이기고 월드 시리즈 우승이 가능하다는 것이다. 예를 들면, 2003년 페이롤 25위 팀인 플로리다 말린스가 1위 팀인 뉴욕 양키스를 꺾고 월드 시리즈에서 우승한 경우다. 당시 내셔널리그 플로리다 말린스<sup>현 마이애미 말린스</sup>의 페이롤은 4,836만 8,298달러<sup>532억 원 상당</sup>였고, 양키스의 페이롤은 1억 4,971만 995달러<sup>1,646억 원 상당</sup>였다. 양키스가 말린스보다 3.1배나 더 많은 연봉을 지급하는 팀이었다. 그런데도 말린스가 4승 2패로 승리하면서 월드 시리즈 우승컵을 차지했다. 바로 이런 기적이 일어나는 시장이 바로 메이저리그인 것이다.

〈포브스〉가 발표한 메이저리그 30개 구단 가치(2016년)

| 순위 | 구단 | 순위 | 구단 |
|---|---|---|---|
| 1위 | 뉴욕 양키스 34억 | 16위 | 시카고 화이트삭스 10.5억 |
| 2위 | LA 다저스 25억 | 17위 | 볼티모어 오리올스 10억 |
| 3위 | 보스턴 레드삭스 23억 | 18위 | 피츠버그 파이리츠 9.75억 |
| 4위 | 샌프란시스코 자이언츠 22.5억 | 19위 | 애리조나 다이아몬드백스 9.25억 |
| 5위 | 시카고 컵스 22억 | 20위 | 미네소타 트윈스 9.1억 |
| 6위 | 뉴욕 메츠 16.5억 | 21위 | 신시내티 레즈 9.05억 |
| 7위 | 세인트루이스 카디널스 16억 | 22위 | 토론토 블루제이스 9억 |
| 8위 | LA 에인절스 13.3억 | 23위 | 샌디에이고 파드리스 8.9억 |
| 9위 | 워싱턴 내셔널스 13억 | 24위 | 밀워키 브루어스 8.75억 |
| 10위 | 필라델피아 필리스 12.3억 | 25위 | 캔자스시티 로열스 8.65억 |
| 11위 | 텍사스 레인저스 12.2억 | 26위 | 콜로라도 로키스 8.6억 |
| 12위 | 시애틀 매리너스 12억 | 27위 | 클리블랜드 인디언스 8억 |
| 13위 | 애틀란타 브레이브스 11.7억 | 28위 | 오클랜드 애슬레틱스 7.25억 |
| 14위 | 디트로이트 타이거스 11.5억 | 29위 | 마이애미 말린스 6.75억 |
| 15위 | 휴스턴 애스트로스 11억 | 30위 | 템파베이 레이스 6.5억 |

# 02

## 역량 지도 교수가
## 메이저리그 야구에 빠진 이유

### 역량은 성과와 관련되어 있다

　　역량은 앞에서 말했듯이 '조직의 목표 달성과 연계해 높은 성과를 나타내는 고성과자의 행동 특성'이다. 따라서 역량은 관찰이 가능한 행동 특성임으로 성과와 연계되어야 하고, 측정할 수 있을 뿐만 아니라 성공적으로 개인과 조직의 목표와 연계되어 있어야 한다. 야구에는 무승부가 없다. 승자와 패자가 확연하게 구분되는 스포츠다. 개인적으로도 승리에 기여한 승리 투수, 승리 타점 등 승리에 기여한 선수를 쉽게 알 수 있다.

## 역량은 새로운 대안을 제시해 현안을 해결하는 것이다

역량은 현안을 해결하는 과정에서 드러나는 행동 특성이다. 현안을 해결하려면 문제를 푸는 구체적이고 타당한 대안을 제시해야 한다. 대안은 문제의 본질을 이해하고 그 문제를 푸는 데 적합한 것이다. 대안은 실행을 전제로 해야 한다.

아무리 좋은 대안이라 하더라도 그 대안을 실행하는 과정에서의 문제가 있다면 그 대안은 현안을 해결하는 것이 아니다. 대안이 구체적이어야 하는 이유다.

## 야구 경기에서 뛰는 선수들의 '역량'을 객관적으로 관찰·분석할 수 있다

어떤 사람이 역량이 있는지 그 여부를 관찰하는 일은 쉽지 않다. 위기 또는 갈등 상황의 문제를 해결하는 과정을 비교적 장기간 관찰해야 하기 때문이다. 반면 스포츠 분야에서는 짧은 시간에 위기나 갈등 상황을 해결하는 고성과자를 관찰하기가 그리 어렵지 않다. 스포츠 분야에서 승자가 되기 위해서는 규칙 내에서 위기나 갈등 상황을 극복해야 하기 때문이다.

# 03

## 메이저리그 구단은
## 감독과 선수를 어떻게 선발하는가

### 2014년 텍사스 레인저스 제프 배니스터 감독 선임 과정은?

메이저리그 구단은 야구 운영 사장과 단장, 감독이 역할을 나누어 팀을 운영한다. 사장은 구단 운영을 총괄하는 지위에 있고, 단장은 선수 영입과 방출을 통해 선수를 수급하고 선수단을 구성하는 업무를 주로 담당한다. 감독은 경기장에서 실제 경기 운영과 훈련 등을 담당한다. 단장은 프런트 오피스를 통해 선수 영입과 홍보 등을 담당한다면, 감독은 분야별 코치를 두고 경기 운영에 집중하는 것이다. 보통 구단이 감독을 선임하는 절차로는 현 감독을 경질하고 내부 논의를 거쳐 신임 감독을 선임하는 것이 일반적이다. 그러기 때문에 감독 선임 과정이 잘 공개되지 않는 것이 특징이다.

2014년 10월 17일에 텍사스 레인저스 구단과 메이저리그 사무국이 동시에 피츠버그 파이리츠의 제프 배니스터 코치를 텍사스 레인저스 신임 감독으로 발표한 경우는 좀 달랐다. 그 이유는 대부분의 언론이나 팬들은 론 워싱턴 감독 퇴임 직후 감독 대행을 맡았던 팀 보거가 새로운 감독으로 선임될 것이라고 굳게 믿고 있었기 때문이다. 그런데 예상을 깨고 배니스터를 신임 감독으로 선임한다는 발표는 모두에게 큰 충격이었다. 보거 감독 대행이 새 감독이 될 거라고 믿은 이유는 명백했다. 워싱턴 감독 2007~2014년 이 사퇴할 당시 팀의 성적은 53승 87패 승률 41.4% 로 아메리칸리그 서부 지구는 물론이고 30개 팀 중에도 최하위였다.

반면 보거 감독 대행은 후반기 22경기에서는 14승 8패 승률 63.6% 라는 뛰어난 성적을 거두었다. 시즌 하반기에는 매 경기 성적에 따라 순위가 결정되고 성적에 따라 플레이오프 진출 여부가 결정되기 때문에 경쟁이 더 치열하다. 그런데 똑같은 선수 구성으로 리그 막바지에 승률을 22% 이상이나 끌어올린 보거 감독 대행의 성적은 정말 대단한 성과였던 것이다. 그런데 뜻밖에 팀 보거를 제치고 제프 배니스터가 신임 감독이 된 것은 완전히 예상이 빗나가는 일이었다. 제프 배니스터는 텍사스 레인저스와는 전혀 인연이 없고 29년 동안 피츠버그 파이리츠에서 선수와 코치로 활동한 것 외에는 알려지지 않은 인물이다. 텍사스 레인저스는 대한민국의 추신수 선수와 일본인 선발 투수 다르빗슈 유가 속한 팀이라 우리에게도 비교적 친근한 팀이다. 필자는 순간 '보거 감독 대행에게 무슨 속사정이 있는가?' 아니면 '배니스터에게 레인저스와 각별한 인맥이 있는가?'라는 생각이 들었다.

그런데 "레인저스 구단은 배니스터가 면접에서 가장 좋은 평가를 받은 것이 선임된 주요 요인이다"라고 발표한 신문 기사를 우연히 보게 되었다. 야구팀 감독을 선임하는 과정에서 면접이라는 역량 평가를 거쳤다는 사실이 역량 지도 교수인 필자에게는 큰 충격으로 다가왔다. 텍사스 구단에서는 보거가 보여준 높은 성과보다는 배니스터가 앞으로 보여줄 잠재적인 역량을 더 높게 평가한 것이다. 당시 감독 후보로는 8명이 고려 대상이었다고 한다. 감독 대행을 한 팀 보거, 클리브랜드 인디언스의 불펜 코치인 케빈 캐시, 피츠버그 파이리츠의 벤치 코치인 제프 배니스터 3명이 유력했다고 전한다.

그때부터 야구팀 감독을 면접을 통해 역량으로 선발한다는 점에 호기심이 생기기 시작했다. 배니스터 감독 선임과 관련된 기사를 찾아보았다. 기사 내용은 다음과 같았다.

"MLB 텍사스, 새 감독 후보 6명 금주 인터뷰"〈연합뉴스〉, 2014년 10월 6일 자

"텍사스, 감독 후보 6명 공개… 추신수의 새 감독님은?"〈스포츠경향〉, 2014년 10월 6일 자

"텍사스 새 감독 최종 후보, 보거 포함 3인 압축"〈오센〉, 2014년 10월 15일 자

"Baseball lifer Banister home as Rangers manager"〈AP〉, 2014년 10월 17일 자

"텍사스, 제프 배니스터 신임 감독 깜짝 선임"〈스포츠조선〉, 2014년 10월 17일 자

"텍사스, 새 감독에 배니스터 피츠버그 코치 선임"〈마이데일리〉, 2014년 10월 17일 자

"텍사스, 새 감독에 배니스터"〈코리아데일리〉, 2014년 10월 17일 자

이 언론 기사들을 정리해보면, 텍사스 구단은 4일현지 시간 팀 보거 감독 대행을 비롯한 8명을 면접 후보로 공개했다. 구단 내부 인사 3명과 외부 인사 5명이다. 후보자는 팀 보거현 텍사스 레인저스 감독 대행, 마이크 매덕스텍사스 레인저스 투수 코

치 , 스티브 뷰첼 텍사스 레인저스 3루 코치 등 3명의 내부 인사와 제프 배니스터 피츠버그 파이리츠 벤치 코치 , 토리 로불로 보스턴 레드삭스 벤치 코치 , 좀 맥유잉 시카고 화이트삭스 3루 코치 , 케빈 캐시 클리블랜드 인디언스 벤치 코치 , 알렉스 코라 푸에르토리코 윈터 리그 팀 단장 및 감독 등 5명의 외부 인사다. 텍사스 구단은 10월 15일 총 8명의 후보와 인터뷰를 가진 끝에 팀 보거 48세 텍사스 레인저스 감독 대행, 제프 배니스터 49세 피츠버그 파이리츠 벤치 코치, 케빈 캐시 37세 클리블랜드 인디언스 벤치 코치 등 3명을 최종 후보로 발표했다. 텍사스 구단은 "3명을 두고 감독 선임 작업을 해왔다. 이 중 배니스터가 비록 경력은 가장 떨어지지만, 인터뷰에서 매우 높은 점수를 얻었다. 선수 육성과 팀 조화력에 탁월한 능력이 있는 것으로 평가받았다"라고 배니스터 선임 사유를 공개했다.

일정별 언론 보도 내용과 필자의 역량 면접과 역량 평가 경험을 바탕으로 텍사스 레인저스의 신임 감독 선임을 구성해봤다.

텍사스 레인저스 구단은 정규 리그를 마치자마자 공석인 신임 감독 선임을 서둘렀다. 아메리칸리그 15개 팀 가운데 최하위, 전체 30개 팀 중에는 28위를 차지한 저조한 팀 성적 때문이었다. 특히 팀의 에이스인 다르빗슈 유, 프린스 필더, 추신수 등 고액 선수의 잇따른 부상에 따른 위기감으로 팀 재건이 절실했다. 구단은 내부적으로 신임 감독은 엉클어진 팀을 재건할 수 있는, 감독 경력이 없는 코치 중에서 발탁하기로 결정했다. 사임한 론 워싱턴 감독 62세 이 고령인 데다 일부 고액 선수와의 내부 갈등이 있었고, 젊은 단장인 존 대니얼스 단장 37세 과도 원만하지 않았던 점을 감안했을 것이다. 대니얼스 단장은 코넬대 출신의 대표적인 세이버메트릭션 단장으로 2005년부터 텍사스 레인저스 단장을 맡고 있다.

텍사스 팀의 신임 감독이 갖추어야 할 요건은 한마디로 '현재 팀 문제의 핵심을 정확하게 파악하고 이를 해결할 수 있는 대안을 명쾌하게 제시해 현안을 해결할 수 있는 잠재력을 갖춘 인물'이다. 구단은 이런 인물을 찾고 있었을 것이다. 구체적으로는, ① 고액 연봉 선수의 효율적인 관리 및 운용 방안 ② 팀 조화력 강화 방안 ③ 선수 육성 방안 ④ 수비력 강화 같은 야구 전문 지식의 활용 정도 ⑤ 조직 충성 및 기여도 등을 요건으로 삼았을 것이다.

면접 절차는 1차 면접과 2차 면접으로 진행했다. 1차 면접은 후보자의 자질과 의지 등을 검증하는 절차다. 후보자들에게 자신의 프로필과 "텍사스 레인저스의 현안이 무엇이라고 생각하는가? 만약 당신이 감독이 된다면 이 현안을 어떻게 해결할 수 있는가? 귀하가 레인저스 감독이 되어야 하는 이유와 만약 감독이 된다면 팀을 어떻게 운영할 것인가?" 등에 관한 보고서를 제출하게 한다. 그리고 사장과 단장 등이 후보자를 만나 인터뷰를 한다. 제출한 서류와 인터뷰를 통해 3명의 후보자를 선정한다.

2차 면접은 심층적인 'AP 면접 방식'으로 진행되었을 것이다. AP 면접 Analysis&Presentation Interview 이란 무엇인가. 구단이 1차 면접을 통해 선정된 3명의 후보자를 대상으로 발생할 수 있는 사례를 사전에 제시하면, 후보자는 자신이 선택한 대안에 대해 논리적으로 설명한다. 면접관들은 후보자가 제시한 대안을 듣고 질의·응답하는 방식으로 후보자를 검증하는 것이다.

AP 면접의 특징은 제시한 문제에 대한 정답이 있는 것이 아니라 후보자가 자신의 대안을 제시하는 것이다. 면접관들은, 후보자가 제시한 내용에 대해 심층적인 질문을 통해 후보자의 자질을 확인한다. 면접관은 후보자가 현안을 다양하게 분석해 문제의 핵심을 파악하고 있는지 그 여부와 발표의 정확성과 논리성, 전문 지식과 그 응용 능력, 창의성, 발전 가능성, 조직 적합성 등을 판단한다. 면접관은 3명에서 5명으로 구성되는데 사장, 단장 등 내부 인사와 필자와 같은 역량 전문가로 이뤄진다. 면접관들은 사전에 평가지표에 점수를 부여하는 방식으로 면접 절차를 진행한다. 면접을 모두 마치고 나면 면접관들이 매긴 점수를 합산한다. 면접 점수의 편차가 크게 나는 경우에는 면접관들끼리 논의를 거쳐 점수를 확정하고, 그 점수를 기반으로 신임 감독을 선임하는 것이다.

이러한 AP 면접 방식은 공공기관이나 기업에서 간부 직원이나 경력 직원을 선발할 때 주로 사용하는 방식이다. 면접 위원은 해당 분야의 전문가 그룹, 해당 분야에는 문외한이지만 역량 평가에 대해서는 전문가인 그룹으로 구성되는 것이 일반적이다. 후보자에 대해 객관적이면서 정확하게 역량이 있는지 평가하기 위해서다.

언론을 통해 드러난 배니스터 신임 감독은 텍사스 출신으로 고등학교 시절 왼쪽 다리에 골육종bone cancer 진단을 받고 10회의 수술을 통해 재기에 성공했다. 대학 시절에는 포수로 활동하면서 홈 플레이트 충돌로 목뼈가 3군데나 부러지는 중상을 입기도 했다. 그는 1986년 25라운드 지명으로 피츠버그 파이리츠에 입단했다. 그리고 1991년 7월 24일 애틀랜타 브레이브스와의 경기에서 대타로 첫 출전한 것이 선수로서 메이저리그에서 선 처음이자 마지막 활약이었다. 그는 당시 1타석 1안타를 끝으로 1993년까지 마이너리그 팀에서 활동하다가 1994년경 현역에서 은퇴했다. 은퇴한 후에는 5년간 피츠버그 산하 마이너리그 팀에서 코치와 감독으로 활동했고, 그 후 11년간 피츠버그의 필드 코디네이터로 활약하다가 2011년 벤치 코치가 되었다. 그리고 프런트에서 만든 수비 자료를 취합해 현장에 적용하는 임무를 담당하며, 2013년 꽃을 피운 피츠버그의 수비 시프트 연구에 큰 역할을 했다.[6]

2014년 텍사스 팀은 추신수, 프린스 필더 등을 고액에 영입했지만, 그들의 연이은 부상과 허술한 수비는 팀 붕괴의 결정적 원인이 되었다. 텍사스의 수비율은 30개 구단 가운데 29위에 그쳤다. 텍사스 구단 입장에서는 부상을 잘 이겨낸 배니스터의 불굴의 정신 그리고 수비에 대한 식견과 경험을 높이 평가한 것으로 보인다. 즉 단기간에 높은 성과를 올린 보거보다는 장기적인 관점에서 부상 선수 관리와 수비 강화라는 텍사스의 고질적인 문제를 잘 해결할 수 있는 배니스터가 필요했던 것이다. 또한 선수 생활을 포함해 29년 동안 한 팀에서만 활동했고, 다양한 역할을 소화하면서 꾸준함과 좋은 평판을 받은 점이 감독 선임에 큰 요소로 작용한 것이 분명했다. 그가 벤치 코치로 재직한 피츠버그 파이리츠가 수비 시프트 등 수비 전략에서도 탁월한 역량을 발휘한 점도 고려한 것으로 보인다.

2015년 3월 미국 경제 전문지 〈포브스〉는 미국 메이저리그 팀의 경제 가치와 이익 등을 공개했다. 이 공개에 따르면 메이저리그 30개 팀의 경제 가치가 360억 달러<sub>한화로 약 39조 7,800억 원</sub>라고 발표했다. 결국 메이저리그 한 팀의 경제 가치가 약 12억 달러<sub>약 1조 3,000억 원</sub> 정도인 셈이다.

이와 같이 1조 3,000억 원 상당의 가치를 지닌 텍사스 레인저스 팀 입장에서는 구단의 문제를 잘 해결하고, 리그 우승이라는 목표를 달성할 만한

---

6  수비 시프트는 야구의 수비 전략의 하나로, 야수의 수비 범위를 믿기보다는 타구 방향을 예측해 수비 위치를 옮겨 수비하는 방식이다. 피츠버그 파이리츠는 2013년 수비 시프트 500회로 메이저리그 30개 구단 중 3위, 2014년에는 659회로 가장 많은 수비 시프트를 시도한 팀이다.

역량이 있는 감독을 선임해야 할 절실함이 있었다. 따라서 역량 있는 감독을 선임하기 위해 '역량 평가'를 통해 감독을 선임하는 것은 너무도 당연한 일이다. 감독 선임을 위한 면접에서 후보자들은 자신의 역량을 충분히 보여주었지만 배니스터는 자신만의 문제 해결 방법과 목표 달성에 가장 적합한 역량과 비전을 제시했고, 이를 인정받은 것이다. 텍사스 구단에서는 현재 팀이 안고 있는 가장 큰 문제인 주전 선수들의 부상 관리와 새로운 성과 달성의 적임자를 찾는 데 초점을 뒀을 것이다. 배니스터가 그 적임자라고 판단한 것이다.

필자는 2015년 8월에 《이솝우화에서 배우는 33역량》이라는 책을 발간했다. 이 책에서 역량이란 "조직이 안고 있는 현안을 해결할 적임자를 찾는 법"이라는 제목으로 배니스터 감독이 선임된 과정을 소개한 적이 있다. 그런데 놀랍게도 배니스터 감독은 감독 첫해인 2015년 아메리칸리그 감독상을 받았다. 2014년에 67승 95패의 성적을 거둬 리그 5위로 부진했던 팀을 88승 74패로 아메리칸리그 서부 지구 1위로 올려놓은 것이다. 배니스터는 메이저리그 사상 5번째로 감독에 데뷔한 해에 감독상을 수상한 인물이 되었다. 텍사스 구단에서는 세 번째로 감독상을 차지했다. 텍사스 레인저스는 2016년에도 지구 우승을 차지해 배니스터 감독 부임 이후 2년 연속 지구 우승을 차지했다. 결과적으로 이는 구단이 역량 면접을 통해 배니스터라는 적임자를 감독으로 제대로 선발했다는 사실을 입증하는 것이 아닐까?

## 역량 평가와 스카우트는 역량 인재를 선발하는 기능을 한다

국가나 기업 등 어느 조직이나 핵심 역량 인재를 원한다. 메이저리그 구단의 입장에서도 마찬가지다. 역량 평가를 통해 인재를 선발하는 것과 스카우트를 통해 잠재력 있는 선수를 선발하는 것이 같은 이유다. 어떤 조직에나 해결해야 할 문제 또는 달성하고자 하는 성과가 있고, 이를 잘 해결할 만한 잠재력 있는 역량 인재가 필요하다.

현재 시점에서 보면 해결해야 할 '현안 문제'가 있을 것이고, 미래 시점에서 보면 영업 실적 달성, 새로운 시장 개척, 신상품 개발 등 '성과 목표' 달성과 지속 발전을 위한 전략이 필요할 것이다. 그런데 이처럼 '현안 문제'를 해결하는 동시에 '성과 목표'를 달성하기란 그리 쉬운 일이 아니다. 그렇기 때문에 이 두 가지 문제를 잘 완수할 수 있는 역량 있는 인재가 필요한 것이다. 복잡하고 예측하지 못한 문제가 자주 발생하는 요즘, 이런 문제를 잘 해결할 만한 인재를 선발하는 일의 중요성은 아무리 강조해도 지나치지 않을 것이다.

## 메이저리그는 누구에게나 역량을 발휘할 기회를 공평하게 준다

메이저리그의 가장 큰 장점은 실력이 있는 선수에게는 누구나 자신의 역량을 발휘할 수 있는 기회를 제공한다는 점이다. 다양성을 인정해 국적이나 인종 등의 편견으로 인한 진입 장벽이 거의 없고, 오직 실력으로 승부하는 것이다. 특히 메이저리그는 중남미와 아시아 젊은이들에게 성공의 기회를 제공한다. 메이저리그 팀은 소속 수준별로 마이너리그 팀들이 있다. 마이너리그 소속 선수들은 더 높은 리그로 가기 위해 최선을 다하고 실력이 갖추어지면 언제든 올라가는 기회를 얻을 수 있다. 반면 아무리 이름이 있는 선수라고 하더라도 부상이나 부진하면 가차 없이 강등되는 경쟁 체제다. 이러한 치열한 경쟁을 통해 기회가 주어진다는 점이 메이저리그의 장점이다. 메이저리그 경기에서는 미국 사회만이 갖는 장점을 제대로 볼 수 있어서 더욱 좋다. 그들은 국적이나 인종을 불문하고 최고의 실력을 갖춘 선수라면 누구에게나 성공할 수 있는 기회의 장을 제공한다. 인종이나 국적에 대한 편견이 거의 없는 편이기 때문에 많은 사람에게 꿈을 주는 역할을 하고, 다른 후광 없이 선수 개인의 실력만으로 성공할 수 있다.

보스턴 레드삭스 출신 페드로 마르티네스는 명예의 전당에 올랐다. 보스턴 레드삭스와 앙숙 관계인 뉴욕 양키스와 벌인 2004년 경기에서 양키스 팬들의 눈에 그는 가시와도 같은 존재였다. 팬들은 그가 등판하면 "아빠가 누구냐?"라는 비난성 응원 구호로 그를 자극하기도 했다. 그런데 그는 이 비난을 오히려 즐겼다고 한다. 기자와의 인터뷰에서 6만 명의 관중과 수많은 시청자가 자신에게 주목해 기쁘다면서 "만약 시간을 되돌려 15년 전으로 돌아간다면, 전 버스 요금 50센트를 낼 돈이 없어서 망고 나무 아래 앉아 있었을 거예요. 오늘날 전 뉴욕인들의 관심 한복판에 있죠. 신에게 감사드립니다"라고 말했다. 그는 도미니카 출신으로 망고 나무가 하나 있는 집에서 가난하게 자랐다. 야구를 통해 최고의 꿈을 실현한 것이다. 마르티네스와 같은 사례는 너무나도 많다. 그런 점에서 메이저리그가 세계의 젊은이들에게 꿈과 희망이 주고 있다.

조직과 사회의 현안 문제를 잘 해결하고, 공동의 목표를 잘 달성하는 사회가 역량 있는 조직과 사회, 더 나아가 국가의 모습일 것이다. 그렇다면 역량 있는 조직과 사회가 되기 위해서는 무엇이 필요할까? 무엇보다도 구성원들의 다양한 생각과 행동 양식을 인정해주는 다양성의 문화가 필요할 것이다. 다양성이야말로 조직과 사회가 건전하게 성장하고 유지되도록 도와주는 자양분이 되기 때문이다. 생각이나 행동 양식이 자신과 다른 것을 틀림wrong 으로 인식하지 않고, 다름difference 으로 받아들여야 한다. 그리고 그 다름을 그대로 인정해주는 자세가 필요하다. 그래야 다양한 생각이 사회에 반영되고, 각자 자신의 적성에 맞는 분야에서 활약하는 건강함을 유지할 수 있기 때문이다.

# 04

## 자신만의 '저주'와 투쟁하는 과정이 삶이다

### 자신만의 '저주'를 극복하지 않고 성공한 사람은 단 한 명도 없다

　　세상에서 가장 멀리 그리고 높이 나를 새가 바로 알바트로스다. 알바트로스는 폭풍우가 몰아칠 때면 더 비행을 즐긴다. 2.5~3m나 되는 큰 날개를 펴고 폭풍우를 이용해 7일 동안이나 비행한다고 한다.

　그런데 알바트로스는 알에서 깨어나자마자 스스로 나는 법을 익혀야 한다. 나는 법을 익히지 못하면 상어와 바다표범의 밥이 되기 때문이다. 시련을 겪어야만 나는 법을 익힐 수 있다. 운명적으로 시련을 타고나는 것이다.

　알바트로스가 웅장하게 하늘을 날기 위해서는 시련을 이겨내야만 한다. 들판에 핀 야생화 중에서도 어려움을 겪지 않고 피는 꽃은 없다. 누구나 어려움이 있다. 이것이 자신만의 '저주'인 것이다. 성공한 사람 치고 자신만의 '저주'를 극복하지 않은 사람은 단 한 명도 없다.

## 자신만의 '저주'을 극복한 테오 엡스타인

엡스타인은 유년 시절 야구 선수를 꿈꿨다. 그러나 눈 위가 크게 찢어지는 부상을 당하고는 야구장에도 가질 못했다. 그때부터 그는 스프츠 고글을 끼고 다녔을 뿐만 아니라 혼자만의 시간을 보냈다.

고등학교 시절 드디어 고글을 벗어던지고 전보다 밝고 유쾌하게 생활했다. 아마도 눈 부상으로 인한 부담에서 벗어나는 계기가 있었을 것이다. 이때가 테오 엡스타인이 자신만의 '저주'를 극복한 순간이 아니었을까. 시련을 극복한 테오 엡스타인은 더욱 자신감을 가지고 자신의 꿈을 펼칠 수 있었을 것이다.

## 주인의 난제를 해결해주고 자유인이 된 이솝

이솝은 그리스 사람의 노예였다. 그는 말도 제대로 못하는 말더듬이에, 올챙이같이 불거져 나온 배를 지녔고, 또한 흔히 꼽추라고 부르는 척추 장애인이었다. 그뿐만이 아니다. 납작한 코, 안짱다리, 잘록한 팔, 사팔뜨기 눈, 덥수룩한 수염 등 극심한 신체적 콤플렉스를 가지고 있던 인물로 알려져 있다. 그런 이솝이 주인의 난제를 해결해주고 자유인이 되었다. 어떻게 그가 주인의 문제를 지혜롭게 해결하는 역량을 발휘해 노예 신분에서 벗어났을까?

이솝의 주인은 술을 많이 마시기로 유명하고, 술을 마시기만 하면 기고만 장해져서 아무 약속이나 남발하는 아주 나쁜 버릇이 있었다. 늦도록 술을 마시고 술주정을 부리기에 수발을 드는 노예들도 무척 어려워했다. 친구들과 거나하게 술을 마신 어느 날, 그는 또 터무니없는 사고를 치고 말았다.

자기가 술을 잘 먹는다는 것을 과시하기 위해 "바닷물을 다 마실 수 있다"라고 말한 것이다. 그러자 함께 술을 마시던 친구들은 그를 비웃기 시작했다. 그러자 그는 한술 더 떠서 "만약 내가 바닷물을 전부 다 마시지 못하면 내 전 재산을 주겠다"라고 친구들에게 큰 소리를 땅땅 쳤다. 다음 날 술이 깬 주인은 전날 친구들에게 한 약속이 떠올랐고, 걱정이 되어 그만 앓아눕고 말았다. 주인이 수심에 쌓여 앓아눕자 이솝은 주인에게 다가갔다. 다른 노예들은 주인에게 다가가는 이솝을 말렸다. 노예들은 이구동성으로 "그렇게 술주정을 자주 하고 포악스러운 주인에게 뭐하러 다가가냐?"는 것이다. 그럼에도 불구하고 이솝은 주인에게 다가갔다.

"주인님 혹시 무슨 걱정이라도 있으신가요?" 다른 때 같으면 "너는 알 바 아니다"라고 할 주인이지만 그날은 마음속 근심이 깊었는지 술에 취해서 친구들과 한 약속을 이솝에게 하소연하듯이 이야기했다. 이야기를 듣던 이솝이 말했다. "주인님, 염려하지 마십시오. 제가 말씀드리는 것을 잘 들으시고 그대로만 말씀하시면 다 해결될 것이다." 그러고는 주인에게 무언가를 열심히 설명했다.

드디어 친구들과 약속한 날이 되었다. 이솝의 주인은 친구들과 함께 많은 구경꾼을 이끌고 바닷가로 향했다. 친구들은 "자, 약속대로 바닷물을 다 마셔보게!"라며 재촉했다. 그러자 이솝의 주인은 능청스레 말했다. "암, 마셔야지, 약속을 했으니까. 그런데 여보게들! 나는 바닷물을 마신다고 했지 강물까지 마신다고 약속하지는 않았네. 그러니 자네들이 저기 바다로 흘러 들어오고 있는 강물을 먼저 좀 막아주게나. 강물이 들어와서 바닷물이 자꾸 불어나고 있으니 말이야."

친구들은 뜻밖의 반격에 할 말을 잃고 멍하니 서 있을 수밖에 없었다. 이로써 이솝의 주인은 전 재산을 날릴 위기에서 벗어날 수 있었고, 지혜로운 이솝도 노예 신분에서 벗어날 수 있었다.

이솝에게는 주인이 안고 있는 문제를 해결하는 과정에서 문제의 핵심을 꿰뚫어보는 통찰력 Insight 이 있었다. 주인이 마시기로 약속한 바닷물의 속성을 정확하게 알았다. 물에는 짠맛의 바닷물과 민물이 있음으로 알았다. 그리고 물은 산에서 발원해서 바다로 흘러 모인다는 성질을 꿰뚫어봤다. 이솝은 주인의 문제를 해결해준 대가로 노예 신분에서 벗어나 자유인이 되었다. 아마도 이솝이 주인의 은혜로 자유인으로 된 것이 아니라 주인의 문제를 해결해주면 자신을 노예에서 풀어줄 것을 요구했고 주인이 이 약속을 지킨 것이 아니었을까? 누구도 이렇게 똑똑한 노예를 쉽게 풀어주려고 했을까?

이솝이 주인의 문제를 해결한 과정을 역량의 관점에서 살펴보자. 이솝이 고민하는 주인에게 다가간 것은 '고객 중심 역량'이다. 주인의 문제를 외면하지 않고 자신의 문제로 인식한 것이다. 주인이 안고 있는 문제의 핵심을 파악한 것은 '분석적 사고 역량'이다. 문제의 핵심을 정확하게 파악한 것이다. 주인의 친구와 동네 사람들을 데리고 강과 바다가 만나는 곳으로 가서 문제를 해결한 것은 '전략적 사고 역량'이다. 주인이 문제를 해결하는 것을 보여주는 동시에 주인에게도 다시는 이런 약속을 못하게 하는 효과가 있다. 마지막으로 이솝이 주인의 문제를 해결해주고 자신이 자유인이 된 것은 '성취 중심 역량'이다. 이솝은 주인의 문제를 해결해주고 실리를 챙긴 것이다.

## | '말더듬이'라는 저주를 깨고 명강사가 되다

필자는 역량과 역량 평가에 관한 강의와 지도를 하는 역량 지도 교수다. 수강생들에게 "자신의 부족한 역량을 강화시킬 수 있느냐?", "어떻게 하면 역량을 강화시킬 수 있느냐?"라는 질문을 자주 받는다. 그럴 때마다 필자는 역량을 강화할 수 있다고 답변한다. 필자가 '역량 근육'이라는 용어를 상표 등록한 이유이기도 하다. 운동선수가 훈련을 통해 근육을 강화시키듯이 역량도 타고나는 것보다 후천적인 노력으로 강화시킬 수 있음을 강조하기 위해 '역량 근육'이라는 말을 생각해냈다.

필자가 "여러분 제가 한때 말을 심하게 더듬었다"라고 고백하면 수강생 대부분은 의외라는 표정을 짓는다. 그만큼 그들이 보기에는 내가 말을 더듬었다는 것을 믿을 수 없다는 눈치였다. "믿지 않으시겠지만 사실입니다. 누구나 저와 같이 자신을 변화시킬 수 있습니다." 필자처럼 역량도 강화시킬 수 있다.

어느 날 공무원을 대상으로 강의하고 구내식당에서 교육생들과 점심 식사를 했다. 한 분이 제게 조용히 다가와서는 이렇게 물었다. "교수님, 제 둘째 아들이 얼마 전부터 말을 심하게 더듬어요. 어떻게 하면 좋아요?" 라고 물었다. 필자는 "둘째 아드님은 남다르게 민감하고 말을 잘하려고 하는 것 같아요. 그러니 더 세심하게 대해주시고 자신감을 많이 갖도록 해주세요" 라고 대답했다. 그러면서 미국 제너럴일렉트릭<sup>GE</sup>의 최고 경영자였던 잭 웰치 회장의 사례를 소개했다. 잭 웰치 회장은 어릴 적 키가 유난히 작고 말을 더듬었다고 한다. 친구들로부터 말더듬이라고 놀림을 받았지만 그의 어머니는 외아들인 그에게 "잭, 너는 너무 똑똑하기 때문에 혀가 총명한 네 머리를 못 따라가서 그렇단다"라고 자신감을 불어넣어주었다. 잭 웰치에게 무한한 자신감을 심어준 어머니의 지혜가 항상 자신감이 넘치고 승부욕이 강한 그를 만들었다.

필자는 어린 시절부터 말을 더듬었다. 지금도 중·고등학교 동창생을 만나면 "넌 목소리가 달라졌다", "너 말하는 게 달라졌다"라면서 말을 더듬던 필자를 기억하는 친구들이 많다. 남들 앞에서 책도 잘 읽지 못하고, 심하게 말을 더듬던 필자가 어떻게 달변의 강사가 되었을까?

말 더듬 증세는 시간이 지나면서 자연적으로 치유되는 것도 아니고, 성대 수술로 고쳐지는 것은 더더욱 아니다. 그렇다고 어떤 묘약을 먹고 효과를 볼 수 있는 것도 아니고, 체계적인 훈련을 받아 극복한 것도 아니다. 그렇다면 오랜 기간의 말 더듬 증세를 어떻게 극복한 것일까?

돌이켜보면, 필자의 마음 깊은 곳에는 '말 더듬'이라는 '두려움'이 자리 잡고 있었다. '다른 사람 앞에서 말을 더듬으면 어떻게 하지?', '상대방이 내가 말을 더듬는다는 것을 알아차리면 어떻게 하지?', '내가 말을 더듬는 것을 보고 비웃거나 조롱하면 어떻게 하지?', '정말 남보다 더 말을 유창하게 하고 싶은데?' 같은 두려움과 기대감이 늘 내 마음속에 자리 잡고 있었던 것 같다. 이러한 말 더듬에 대한 '두려움'이 바로 내게는 '저주'였던 것이다.

나만의 저주인 '말 더듬에 대한 두려움'을 깨기 위해 강의를 시작했다. 말을 더듬던 내가 많은 사람 앞에 서서 강의하겠다고 생각한 것은 내게는 정말 획기적인 도전이었다. 그러면서 이렇게 생각하기 시작했다. '내가 말을 좀 더듬더라도 내가 잘 알고 있는 내용을 잘 전달하면 되지.' '말을 더듬는다고 놀리는 사람은 인격이 부족한 사람이다.' '다른 사람들은 내가 말을 유창하게 잘하든지 더듬든지 관심이 없어.' 내가 다른 사람에게 말하는 것에 대해 객관적으로 볼 수 있게 된 것이다.

그렇게 생각했더니 한결 마음이 편했다. 남이 아닌 나에게만 집중하자고 생각했다. 그렇게 강의를 시작한 나는 전달하는 말이 아니라 전달하고자 하는 내용에 집중했다. 유익한 지식과 경험을 전달해 도움이 되었다는 평가를 받고 나니 조금씩 강의에 자신감이 붙기 시작했다. 그 뒤 점차 필자의 마음속에 자리 잡고 있던 말 더듬는 것에 대한 '공포감'이나 '두려움'을 극복하고 다른 사람 앞에서 자신 있게 강의하게 되었다. 강의를 통해 말 더듬에 대한 '두려움'을 좋은 내용을 전달하는 '자신감'으로 바꿨다. 오랫동안 내 마음속에 자리 잡고 있던 '두려움'을 남들 앞에 서서 강의하는 방식으로 도전하자 그 두려움을 몰아내고 그 자리에 '자신감'을 채워서 말 더듬을 극복한 것이다.

결국 자신을 바꾸는 데 가장 큰 적은 바로 자신의 마음속에 자리 잡고 있는 '두려움'이다. 그 두려움은 오직 한 가지 방식으로만 극복할 수 있다. 누구나 마음속에는 말 못할 자신만의 두려움을 가지고 있다. 그 두려움이 바로 '저주'의 시작이다. 그 두려움을 그곳에 두어서는 시간이 지날수록 커져만 갈 뿐이다. 그 두려움을 반드시 극복하겠다는 의지력, 열망Motivation 이 있고, 가장 획기적인 자신만의 방식으로 도전Mach speed 하며, 가로막은 벽을 뛰어넘으면Mount beyond the wall , '자신감'이라는 묘약이 그 두려움을 치유할 수 있는 것이다.

필자는 학생들을 가르치면서 역량을 강화시키는 방안에 대해 오랫동안 고민했다. 역량을 강화시키는 방법으로 나쁜 습관을 버리고 좋은 습관을 갖도록 하는 방안을 제시했다. 바로 '7M 법칙'이다.

7M 법칙이란 뭘까? 자신의 나쁜 습관을 버리거나 좋은 습관을 체득하기 위해서는 바꾸겠다는 의지Motivation 가 있고, 자신의 롤모델을 정하고Modeling 그의 방식을 따라 하는Mimicking 것이다. 그다음 과감하고 빠르게 시도Mach Speed 해야 하고, 어려운 고비를 잘 넘어서야만Mount beyond the wall 작은 성공Mosaic 을 체험할 수 있는데 이 작은 체험을 통해 자신을 바꿀 수 있다. 그 이후에는 체화되도록 관리Maintenance 해야 한다. 필자가 '말 더듬'이라는 '저주'를 깬 과정을 7M 법칙으로 설명해보고자 한다.

## 첫 번째 M은 Motivation(성취 욕구)다

필자는 초등학교 3학년 때부터 말을 더듬었던 것으로 기억한다. 필자가 7살 때인 1968년 겨울에 갑자기 모친이 교통사고로 사망하면서 집안이 경제적으로 어려워졌고 집안 분위기도 침울해졌다. 어린 시절 어머니를 잃은 충격 때문인지 초등학교 시절 다른 사람 앞에서 말하려고 하면 먼저 얼굴이 붉어지고, 심지어 책을 읽을 때에도 더듬거리면서 읽었던 기억이 난다. 중·고등학교에 진학해서도 말을 여전히 더듬었다. 그래서인지 혼자서 많이 생각하고 주로 다른 사람의 말을 듣는 편이었다. 중·고등학교 시절 친구들과 잘 어울리면서도 책을 읽거나 발표하는 일이 생기면 늘 걱정이 앞서서 잠을 못 이룰 정도로 말 더듬이 심했다. 말을 유창하게 잘하는 사람들이 너무나 부러웠다. 남들 앞에서 말을 잘하는 달변가가 되고 싶다는 욕망을 한 번도 잊은 적이 없었다. 한순간도 말하는 것에 대해 무관심한 적이 없을 정도로 성취 동기가 강했다.

## 두 번째 M은 Modeling(롤모델을 정하는 것)이다

　　TV 뉴스를 보면서 아나운서들의 유창한 말솜씨를 늘 부러워했다. 그러면서 어린 시절 유명한 앵커였던 봉두완 아나운서가 자신도 어릴 때 말을 더듬었다는 글을 읽고 나서 큰 용기가 되었다. 필자도 봉두완 아나운서와 같이 나중에 말을 잘해야겠다고 그를 롤모델로 삼았다. 그리고 아나운서들이 말하는 것을 유심히 관찰했다. 주로 말을 천천히 또박또박한다는 사실을 알게 되었다. 고등학교를 졸업하고 웅변 학원을 다니면서 말 더듬을 교정하려고 했다. 돌이켜보면, 학원에서는 발음하기 어려운 단어만 또박또박

큰 소리로 읽는 훈련 외에 별다른 비법이 없었다.

## 세 번째 M은 Mimicking(모방하기)이다

말을 천천히 또박또박하는 아나운서를 보고 그를 따라 하기도 했다. 그들과 같이 말을 천천히 또박또박하는 연습을 했다. 그리고 말을 잘하는 사람을 보면 '그는 어떻게 말을 잘할까?' 하는 의문을 품고 관찰하고 그를 따라 하기 시작했다. 전달력이 좋지 않은 사람들은 어떤 단락에서는 말의 속도가 너무 빠르고, 반면에 어떤 단락에서는 말의 속도가 너무 느리다는 사실을 알게 되었다. 전달력이 좋지 않은 사람이 말하는 속도는 불규칙한 것이다. 반면에 전달력이 좋은 사람이 말하는 속도는 일정하다. 필자는 가능한 한 말하는 속도를 일정하게 하려고 노력하면서 말을 잘하는 사람이 있으면 그의 장점이 무엇인지 관찰하고 그를 따라 하려고 노력한 것 같다. 그리고 혼자 학교 운동장에서 큰 소리로 생각한 것을 떠들어가면서 밤늦도록 걸었던 기억이 난다. 사람을 의식하지 않으면 필자 나름대로 생각을 잘 표현하는데 상대방을 의식하거나 흥분하면 말을 더듬는다는 사실을 깨달았기 때문이다.

## 네 번째 M은 Mach Speed(빠른 시도)다

필자는 직장 생활을 하면서도 상사에게 보고할 때 긴장하면 여전히 말을 더듬었다. 일선 검찰청 수사사무관으로 재직할 때 수사 실무를 직접 익히는 것이 중요하다고 생각했다. 은밀하게 도피하는 용의자의 소재를 파악하고, 중요한 증거를 확보하는 현장 수사 업무를 8~9급 직원들과 함께 했다. 이러한 현장 수사 경험은 나만의 장점이 되었다. 수사 현장에서 직접 체험한 수사 경험을 바탕으로 〈수사연구〉라는 잡지에 "신호종의 현장수사 교실"이라는 제목으로 15개월 동안 연재를 하게 되었다. 실제 현장 수사 업무를 경험한 팀장으로서의 역할을 생생하게 기록한 필자의 수사 체험을 정리한 것이 의외로 주목을 받았다.

그 무렵에 법무연수원에서 필자에게 '현장 수사 기법'에 관해 강의를 해달라고 요청했다. 처음에는 단호하게 거절했다. 남들 앞에서 말하는 것이 고통일 수밖에 없는 일이기 때문이다. 그러나 연수원에서 여러 차례 강의를 요청해서 8~9급 직원들을 대상으로 한번 강의해보겠다고 승낙했다. 남들 앞에서 말하는 것이 정말 고통스러운 일인데 수십 명 앞에서 몇 시간 동안 강의하겠다니 필자도 이해하지 못할 정도였다. 하지만 필자가 직접 경험한 일이고 글로써 정리한 것이기에 한번 부딪쳐보자는 생각으로 승낙한 것이다. 강의 날이 다가오면서 잠도 오지 않고 소화도 안 될 정도로 걱정이 앞섰다. 이렇게 시작한 강의가 처음에 떨리기는 했지만 그런대로 재미있게 잘 마무리되었고, 사람들의 반응도 매우 좋았다. 강의하기 전에 한 걱정의 시간이 너무 아깝고 쓸데없었던 것이다.

## 다섯 번째 M은 Mount beyond the wall(벽을 넘어서는 것)이다

법무연수원에서는 다시 경력 수사 사무관을 대상으로 현장 수사 기법에 관한 강의를 요청했다. 8~9급은 몰라도 필자보다 나이도 10살 이상 많고, 검찰 수사 경험도 훨씬 풍부한 선배들을 대상으로 강의하기는 어렵다고 사양했다. 법무연수원에서는 수사 사무관들이 기획 업무 외에 현장 수사를 더 잘 알아야 하는데 마땅한 적임자가 없으니 꼭 강의해달라고 재차 요청했다. 필자는 현장 수사 기법을 전한다는 마음으로 강의를 수락하고 말았다. '8~9급을 상대로 강의했는데 계급이 좀 높다고 못할 것이 무엇이냐?'라는 생각과 어떻게든지 한번 부딪쳐보겠다는 마음으로 강의를 수락한 것이다. 강의를 수락한 이후로는 강의 걱정에 잠도 제대로 오지 않았다. 강의를 듣는 사람들이 모두 사무관들이고 나이도 필자보다 10살 이상이나 많은 경력 수사관들을 대상으로 하는 것이기에 더 긴장되었다. 강의할 날짜가 다가올수록 잠도 오질 않고 식사도 제대로 하지 못했다. 저녁이면 한강에 나가 걸으면서 강의할 내용을 혼자 정리해보기도 했다.

마침내 강의 날이 되었다. 정말 떨리는 마음으로 강단에 서서 40여 명의 기라성 같은 검찰 선배들을 대상으로 강의를 시작했다. 필자와 계급은 같지만 수사 업무에 정통한 자신들이 필자와 같이 젊은 수사관에게 현장 수사에 관한 강의를 듣는다는 것이 아주 못마땅한 눈치였다. 팔짱을 낀 채 무관심한 사람, 의자를 뒤로 젖힌 채 눈을 살며시 감은 사람, 책상에 놓인 다른 책을 읽는 사람…. 무관심을 넘어 분노에 가까운 듯했다.

필자는 정말 어떻게 해야 할지 난감했다. 강단 위에 선 필자의 눈에 비친 그들의 모습은 그야말로 비아냥거림 그 자체였다. 필자를 쳐다보는 많은 눈

빛은 강단에 선 것을 무척 후회하게 만들었다. 이런 분위기에서 2시간 동안 강의할 생각을 하니 눈앞이 깜깜했다. 하지만 여기서 물러나서는 패배뿐이고 필자가 더 초라해질 것 같다는 생각이 들었다. 필자는 당시 젊은 수사관이라 휴대폰을 잘 활용해 현장 수사에 적용했다. 필자가 가장 자신이 있는 휴대폰 활용 방안을 설명하려고 선뜻 휴대폰을 꺼내 들었다.

"여러 선배님들! 제가 이 자리에 선 것은 다름이 아니라 이 휴대폰을 잘 사용하는 방법을 알려드리고자 합니다. 휴대폰의 기능이 100가지면 여러분은 아마도 2~3가지만 사용하고 계실 겁니다. 휴대폰에 전화번호를 저장한 뒤 전화하고 문자를 주고받는 정도만 이용하시지요? 그런데 지능 범죄자들은 똑같은 휴대폰을 가지고 다니면서 50가지 이상의 기능을 사용하고 있습니다. 그래서 젊은 제가 그 노하우를 알려드리려고 이 자리에 섰습니다"라고 말하니 하나둘 필자의 얼굴을 보고 강의에 귀를 기울이기 시작했다. 이어서 휴대폰을 이용해 도주하는 용의자를 추적한 사례를 중심으로 설명하니 모두 강의에 집중하는 모습이 아닌가. 이렇게 그날 강의는 아주 성공적이었다. 그날 강의를 들은 사람들은 나중에도 나를 칭찬해주고 인정해주는 사람이 많았다. 강의를 마치자 그동안 강의를 걱정했던 오랜 시간이 너무 아까웠다.

## 여섯 번째 M은 Mosaic 이론(작은 성공이 모여 큰 성공을 이루는 것)이다

이렇게 강의를 시작한 필자는 법무연수원에서 현장 수사 기법에 관한 전담 강사가 되기에 이르렀다. 강의를 하면 할수록 자신감이 붙고 여유가 생기게 되었다. 그로부터 2년 후《현장수사와 적법절차》라는 교재를 만들었고, 기회가 될 때마다 강의하게 되었다.

강의를 잘한다는 소문이 나기 시작해 법무부 출입국 직원들과 서울시 특별사법경찰관 등을 대상으로도 강의하게 되었다. 그 이후에는 법무연수원에서 과장급, 국장급, 경력 검사 과정, 부장 검사 과정에서도 강의를 맡아 검찰 업무와 관련한 강사로 이름을 올리게 되었다.

그 이후 공무원 승진 시 역량 평가 제도가 도입된 이후 역량 평가 준비에 관해 강의하게 되었다. 처음에 작은 성공 체험이 더 큰 성공에 도전하게 하고, 그 도전을 통해 성취한 성공의 조각들이 모여 더 큰 성공을 이루게 되는 것이다.

## 일곱 번째 M은 Maintenance(체화, 유지)다

마지막 단계로 성취한 성과를 잘 관리해야 한다. 성공했지만 자신의 것으로 체화하는 데 다소 시간이 필요하고, 방심했다가 쉽게 이전의 상황으로 돌아가기 때문이다. 마치 체중 감량을 한 이후에 사후 관리를 하지 않으면 다시 체중이 증가하는 것과 마찬가지다.

필자는 강의하면서 늘 어제와 다른 오늘만의 강의를 하려고 노력한다. 어제와 같은 강의에서 벗어나 오늘은 새롭게 강의하려고 시도하는 것이다. 늘 새로운 강의를 추구하는 마음이 나를 새롭게 만들고 '자신감'을 충만하게 하는 비결이라고 확신한다.

세계는 지금 테오 엡스타인 신드롬에 빠져 있다. 메이저리그를 넘어 온 세상이 테오 엡스타인에게 빠져 있는 이유는, 혼돈의 시대에 살고 있는 우리에게 그가 194년 저주를 푼 마법으로 우리 사회를 고쳐주기 바라기 때문일 것이다.

그가 3번의 월드 시리즈를 우승할 때마다 '새로운 틀'을 제시한 것처럼 자신만의 '새로운 틀' 없이는 새로운 문제를 해결할 수 없다. 어떤 조직이든 개인이든 발전을 막고 있는 '저주'를 찾아내서 그 저주를 깨는 것이 발전의 시작임을 알게 된다. 그 답을 찾는 데 이 책이 조금이나마 도움이 되었으면 하는 바람이 바로 이 책을 쓴 필자의 의도다.

## 참고 문헌

### 1. 국내 서적 및 논문

로버트 어데어 지음, 장석봉 옮김, 《야구의 물리학》, 한승, 2006

마이클 루이스 지음, 김찬별 · 노은아 옮김, 《머니볼》, 비즈니스맵, 2011

배우근 지음, 《야구가 좋다》, 넥서스BOOKS, 2014

배우근 지음, 《야구, 나를 위한 지식 플러스》, 넥서스BOOKS, 2017

신호종 지음, 《이솝우화에서 배우는 33역량》, 넥서스BIZ, 2015

이강원 지음, 《하룻밤에 읽는 2016년 메이저리그》, 북랩, 2016

켄 로슨 지음, 이은주 옮김, 《야구장으로 간 수학자》, 휘슬러, 2005

이범일 · 이용화 외 지음, 《SERI 경영 노트 1》, "메이저리그에서 배우는 인재선발 전략", 삼성경제연구소, 2009


### 2. 국내 신문 기사

〈국민일보〉. "컵스 레스터-로스, 방전 모르는 '명품 배터리'", 2016.10.22

〈국민일보〉. "'단장야구' 압도한 '감독야구'", 2016.10.31.

〈국민일보〉 "시카고 컵스, 108년 만에 월드 시리즈 우승… '저주 안녕'", 2016.11.03

〈뉴스엔미디어〉, "컵스 매든 "목표는 90승 이상-포스트시즌, 믿는다", 2015.01.18

〈뉴스핌〉, "시카고 컵스, 2016 월드 시리즈 우승 배당금 4억 3000만 원, 준우승 클리블랜드는 3억 4000만 원", 2016.12.09

〈데일리안〉, "'도합 176년' 월드 시리즈 저주를 풀 열쇠는?", 2016.10.25

〈데일리안〉, "'염소의 저주' 떨친 메이저리그, 한국판 컵스는?", 2016.11.04

〈마이데일리〉, "텍사스, 새 감독에 배니스터 피츠버그 코치 선임", 2014.10.17

〈마이데일리〉, "미국 대선 제3의 후보? 힐러리 · 트럼프도 제친 테오 엡스타인의 인기", 2016.11.9

〈세계일보〉, "엡스타인 보스턴 단장, 시카고 컵스와 계약", 2011.10.13

〈스타뉴스〉, "텍사스, 신임 감독에 '피츠버그 코치' 제프 배니스터 선임", 2014.10.17

〈스타뉴스〉, "레스터, 10일 최종 결정할 듯… 보스턴-컵스 유력", 2014.12.10

〈스타뉴스〉, "장윤호의 MLB 산책, 컵스, '107년 우승가뭄' 恨 풀까?" 2016.02.23

〈스타뉴스〉, "장윤호의 MLB 산책, 커스 버스터(curse buster) 컵스 사장 테오 엡스타인", 2016.10.14

〈스포츠경향〉, "텍사스, 감독 후보 6명 공개… 추신수의 새 감독님은?", 2014.10.06

〈스포츠조선〉, "텍사스, 제프 배니스터 신임 감독 깜짝 선임", 2014.10.17

〈스포츠조선〉, "컵스 우승 이끈 엡스타인의 10대 트레이드", 2016.11.7

〈스포츠투데이〉, "'염소의 저주' 넘은 시카고 컵스, 한 세기 만에 우승", 2016.11.03

〈스포티비뉴스〉, "'루키 군단' 컵스, 쿠바 유망주 '하이재킹'", 2015.10.20

〈스포티비뉴스〉, "엇갈린 운명, 컵스와 화이트삭스", 2015.12.07

〈시사포커스〉, "배니스터 텍사스 감독, 아메리칸리그 '올해의 감독상'", 2015.11.19

〈신동아〉, "인재 선발 기준 바꿔 메이저리그에 돌풍을 일으킨 혁신가", 2011년 8월호 통권 623호

〈신동아〉, "테오 엡스타인 시카고 컵스 사장", 2012년 5월호 통권 632호

〈연합뉴스〉, "MLB 텍사스, 새 감독 후보 6명 금주 인터뷰", 2014.10.6

〈연합뉴스〉, "시카고 컵스, 71년 만에 월드 시리즈 진출에 전 세계가 흥분한 이유", 2016.10.23

〈연합뉴스〉, "시카고 컵스의 108년 만의 우승을 기대하는 108세 할머니들이 있다", 2016.10.28

〈연합뉴스〉, "시카고 컵스 108년 만에 우승 축하 행사… 500만 명 운집", 2016.11.05

〈연합뉴스〉, "컵스 엡스타인 사장, 저주 풀기의 끝은 염소특식", 2016.11.8

〈엠스플뉴스〉, "시카고 컵스가 투수 제이슨 해멀에 대한 옵션 행사 거부했다", 2016.11.7

〈오센〉, "텍사스 새 감독 최종 후보, 보거 포함 3인 압축", 2014.10.15

〈조선비즈〉, "108년 패배주의 깬 리더십", 2016.11.12

〈조선일보〉, "'우승청부사' 테오 엡스타인, 밤비노의 저주 이어 염소의 저주도 깼다",

2016.11.03.

〈조선일보〉, "107전 108기", 2016.11.4

〈중앙일보〉, "'염소의 저주' 절반 풀었다, 광란의 시카고", 2016.11.1

〈중앙일보〉, "아기 곰 뒤집기 마법, 108년 염소 저주를 풀다", 2016.11.4

〈코리아데일리〉, "텍사스 새 감독에 배니스터", 2014.10.17

〈한국경제〉, "테오 엡스타인 시카고 컵스 사장, 시카고의 '108년 한' 풀어낸 미국 메이저리그의 '퇴마사'", 2016.11.17

〈한국경제〉, "알파고와 엡스타인 사장이 보여준 이기는 길", 2016.11.30


## 3. 해외 서적 및 기사

AP News Archive, "Baseball lifer Banister home as Rangers manager", 2014.10.17

Bostonglobe.com, "Theo Epstein Interview", 2016.09.25

Dave van Dyck etc., When Theo Met Tom: A Cubs Story, Chicago Tribune, 2011

John Frascella, Theology: How a Boy Wonder Led the Red Sox to the Promised Land, Cambridge House Press, 2009

LIFE, "Chicago Cubs: Champions at Last", 2016.11.11

Sports Illustrated, "CUBS WIN!", 2016.11.21